PROFIL D'UNE ŒUVRE

Collection dirigée par Georges Décote

Madame Bovary
(1856)

GUSTAVE FLAUBERT

GUY RIEGERT
Agrégé de Lettres modernes

© HATIER, PARIS, 1992   ISSN 0750-2516   ISBN 2-218-**73769**-8

SOMMAIRE

Les références de pages renvoient
à _Madame Bovary_, coll. « Folio », Gallimard.

Fiche Profil

Madame Bovary (1856)

GUSTAVE FLAUBERT
(1821- 1880)

ROMAN DU XIXe
COURANT RÉALISTE

1. RÉSUMÉ

Emma Rouault, la fille d'un fermier de Tostes, petit village normand, a épousé Charles Bovary, un officier de santé (il n' a pas le titre de médecin). La jeune femme très vite s'ennuie. Elle trouve insupportable de médiocrité son mari, son milieu, la vie qu'elle mène, qui ne correspondent en rien aux images du bonheur qu'elle s'était figurées dans ses lectures et ses rêveries. Son mari décide alors de s'installer dans un gros bourg : Yonville-l'Abbaye.

Mais Emma retrouve l'ennui, en dépit de Léon Dupuis, jeune clerc de notaire qui l'aime en silence mais qui, bientôt, quitte Yonville. Ni le pharmacien Homais et sa famille, ni le curé Bournisien, incarnations de la mesquinerie provinciale, ne lui offrent le moindre appui. Si bien qu'à la suite de comices agricoles, Emma s'abandonne à une passion exaltée pour un hobereau du voisinage, Rodolphe Boulanger. Ce séducteur, effrayé par la violence de cette passion, l'abandonne.

Remise de la maladie consécutive à cette rupture brutale, Emma renoue avec Léon. Elle s'engage alors dans une liaison frénétique avec le clerc, qu'elle va retrouver chaque semaine à Rouen. Emportée par une passion dont elle est pourtant bientôt déçue, Emma s'endette, encouragée par Lheureux, marchand de nouveautés.Pour échapper à une situation sans issue sur le plan sentimental et financier, la jeune femme finit par s'empoisonner. Ruiné, désespéré, son mari meurt peu de temps après.

2. PERSONNAGES PRINCIPAUX

– **Charles Bovary**, officier de santé, épouse en deuxièmes noces (vers 25 ans, en 1838) Emma Rouault.
– **Emma Bovary**, l'héroïne du roman (vers 1838, à 20 ans).
– **Le père Rouault**, son père. Veuf, fermier aisé.
– **Rodolphe Boulanger**, propriétaire du domaine de la Huchette à Yonville, un homme à femmes. Premier amant de Madame Bovary.

- **Léon Dupuis**, clerc de notaire chez Maître Guillaumin à Yonville, puis à Rouen. Deuxième amant de Madame Bovary.
- **Homais**, le pharmacien d'Yonville. Il fréquente assidûment les Bovary, qu'il conseille en toutes occasions.
- **Justin**, commis d'Homais. Adolescent, amoureux de Madame Bovary.
- **Bournisien**, le curé d'Yonville. Esprit borné.
- **La mère Rollet**, la nourrice à qui Emma confie sa fille Berthe.
- **Lheureux**, marchand de nouveautés et usurier. Cause la ruine de Madame Bovary.
- **Binet**, percepteur et capitaine des pompiers d'Yonville.
- **Hippolyte**, le garçon de l'auberge du *Lion d'Or*, que Charles a essayé de débarrasser de son pied-bot.

3. THÈMES

1. La bêtise.
2. L'échec et l'ennui.
3. L'auteur dans son œuvre, les rapports de la vie et de l'invention.
4. La variation des points de vue.
5. L'influence idéologique des lectures.
6. Lucidité et illusion.

4. TROIS AXES DE LECTURE

1. Un roman de mœurs

«Mœurs de province» est le sous-titre de ce roman où Flaubert évoque Rouen et la campagne normande sous la Monarchie de Juillet, et le milieu des paysans comme celui de la petite bourgeoisie et de l'aristocratie.

2. Un roman d'amour et d'adultère

A travers son héroïne, le roman offre l'analyse critique et parfois parodique de la passion amoureuse dans la vie d'une femme du XIXe siècle, avec ses frustrations, ses révoltes.

3. Un roman de l'ironie

L'ironie est partout dans le roman, sous toutes ses formes. Instrument de la satire sociale comme d'une profonde remise en cause du langage, elle procède aussi pour le romancier d'une attitude philosophique en face de l'art et de la vie.

1 Madame Bovary dans l'œuvre de Flaubert

▰▰ TABLEAU CHRONOLOGIQUE

Vie et œuvre de Flaubert	Evénements politiques, artistiques et littéraires
1821 (12 décembre) Naissance à Rouen de Gustave Flaubert. Son père est le chirurgien en chef de l'Hôtel-Dieu, le plus grand hôpital de la ville.	**1820** *Méditations poétiques*, de Lamartine.
1832 Projets littéraires inspirés de *Don Quichotte*, de Cervantes. « Je retrouve toutes mes origines dans le livre que je savais par cœur avant de savoir lire, *Don Quichotte* » (*Corr.*, 19 juin 1852)[1].	**1830** Révolution de Juillet. Début du règne de Louis-Philippe. **1831** *Notre-Dame de Paris*, roman de V. Hugo. **1835** Première représentation de *Lucia de Lammermoor*, opéra de Donizetti, d'après un roman de Walter Scott (1819).
1836 Pendant des vacances à Trouville, Flaubert tombe éperdument amoureux de Mme Schlésinger, alors âgée de 26 ans.	**1836** *Confessions d'un enfant du siècle*, d'Alfred de Musset.
1837 Flaubert écrit *Passion et vertu*, histoire d'une femme adultère.	**1839** *La Chartreuse de Parme*, de Stendhal.
1842 *Novembre*, récit.	**1841** Chateaubriand achève la 1re version de ses *Mémoires d'outre-tombe*.
1844 Terrassé par une crise d'épilepsie, Flaubert abandonne ses études de droit, commencées à Paris en 1841.	**1843** *Cours de philosophie positive* (1830-1842), d'Auguste Comte.
1845 Il achève la première version de *L'Éducation sentimentale*. Voyage en Italie avec sa famille.	**1845** *Carmen*, de Prosper Mérimée. Début des *Salons*, de Baudelaire.
1846 Mort de son père (15 janvier) et de sa sœur Caroline (20 mars). Installation à Croisset, près de Rouen. Rencontre de Louise Colet, qui va devenir sa maîtresse.	**1847** Début de l'*Histoire de la Révolution française* (1847-1853) de Michelet : « ... le seul romantique aura été le père Michelet. Quel sillon il laissera !... » (*Corr.*, nov. 1864).

1. *Corr.* est l'abréviation de *Correspondance*. Voir la bibliographie, p. 77.

Vie et œuvre de Flaubert	Evénements politiques, artistiques et littéraires
1848 Flaubert et son ami Louis Bouilhet vont à Paris pour assister aux événements révolutionnaires. Flaubert commence la première version de *La Tentation de saint Antoine*.	**1848** Révolution de Février. Chute de Louis-Philippe. IIe République.
1849 Embarquement à Marseille pour un long voyage en Orient.	**1849** *L'Enterrement à Ornans*, tableau réaliste de Courbet.
1850 (novembre) Assiste à une représentation de *Lucia de Lammermoor* à Constantinople.	**1850** Mort de Balzac : « Pourquoi la mort de Balzac m'a-t-elle *vivement affecté* ? Quand meurt un homme que l'on admire, on est toujours triste » (*Corr.*, 14 novembre 1850).
1851 (juin) De retour à Croisset, Flaubert commence *Madame Bovary*. Sa correspondance avec Louise Colet devient plus littéraire, jusqu'à la rupture, en 1854.	**1851** *Voyage en Orient*, de Gérard de Nerval. Coup d'État du 2 décembre.
	1852 Début du Second Empire, avec Napoléon III.
1856 Flaubert achève *Madame Bovary*, qui commence à paraître dans la *Revue de Paris* en octobre.	**1856** Duranty fonde la revue *Le Réalisme*.
	1857 *Les Fleurs du mal*, de Baudelaire. Procès et condamnation du poète.
1857 Procès de *Madame Bovary*. Flaubert est acquitté. Dès octobre, il rédige le premier chapitre de *Salammbô*.	**1862** *Les Misérables*, de Victor Hugo : « Eh bien, notre dieu baisse. *Les Misérables* m'exaspèrent » (*Corr.*, juillet 1862).
1862 Flaubert achève *Salammbô*, qui paraît en novembre.	
1863 Début de l'amitié et de la correspondance avec George Sand.	**1863** *Le Déjeuner sur l'herbe*, tableau de Manet.
	1869 *Les Fêtes galantes*, de Verlaine.
1869 Flaubert termine la 2e version de *L'Éducation sentimentale*, qui paraît en novembre. Il se remet à *La Tentation de saint Antoine*.	**1870** Guerre franco-allemande. Proclamation de la IIIe République (4 septembre).
	1871 Premier volume des *Rougon-Macquart*, d'Émile Zola.
1873 Publication de *La Tentation de saint Antoine*. *Bouvard et Pécuchet* est mis en chantier.	**1872** *Impression, soleil levant*, tableau de Monet.
	1874 Wagner : *Le Crépuscule des dieux*.
1877 Publication des *Trois contes*.	**1877** *Anna Karénine*, roman d'un adultère, de Tolstoï.
1880 (8 mai) Mort subite de Flaubert.	

■■■ LES SOURCES DU ROMAN

Il semble que ce soit Louis Bouilhet et Maxime Du Camp qui ont, entre avril et juillet 1851, attiré l'attention de Flaubert sur un fait divers récent : la mort en 1848 de la deuxième épouse, infidèle, d'un officier de santé établi à Ry, Eugène Delamare. Ils lui fournirent ainsi le schéma narratif et le cadre de son roman. Mais de là à considérer que l'écrivain ne s'est inspiré que de cette intrigue et que Yonville est la copie fidèle du village normand de Ry et de ses habitants, il y a un pas, que certains critiques ont pourtant franchi trop facilement. L'affaire Delamare n'est pas la seule source de *Madame Bovary*. Flaubert a pu aussi penser à une affaire célèbre d'empoisonnement du début du siècle, l'affaire Lafarge, comme il s'est sans doute inspiré d'un document : les *Mémoires de Madame Ludovica*. Ces *Mémoires*, qui furent en sa possession, étaient consacrés aux aventures amoureuses et aux soucis d'argent de Louise Pradier, la jeune femme de son ami sculpteur, chez qui il avait rencontré Louise Colet.

Il s'est sans doute souvenu aussi de certaines œuvres de Balzac, comme *La Physiologie du mariage* et *La Muse du département*, avec lesquelles *Madame Bovary* offre des points de ressemblance. Et surtout, ses œuvres de jeunesse (*Passion et Vertu* et la première *Éducation sentimentale*) lui ont fourni des thèmes qu'il a repris, approfondis et amplifiés dans son roman.

■■■ LA RÉDACTION

La rédaction de *Madame Bovary* fut beaucoup plus longue que Flaubert ne l'avait prévue. Elle lui fut aussi très pénible. Entre le 20 septembre 1851 et le mois d'avril 1856, date à laquelle le manuscrit est achevé, la correspondance nous livre les plaintes très nombreuses et parfois émouvantes de l'écrivain qui peine sur le long pensum qu'il s'est imposé, y travaillant chaque jour des heures durant et ne s'accordant, de loin en loin, que de brèves détentes. « La *Bovary* m'ennuie » est son leitmotiv. « Ce sujet bourgeois me dégoûte », confie-t-il le 13 septembre 1853, et encore, un peu plus tard : « Quelle sacrée maudite idée j'ai eue de prendre un sujet pareil ! »

1851, 19 septembre : début du travail.

1852, août : la première partie est terminée.

De septembre à octobre : Flaubert écrit les chapitres 1 à 3 de la IIe partie.

1853, chapitres 4 à 8 et un morceau du chapitre 9 de la IIe partie.

1854, chapitres 9 à 13, IIe partie.

1855, chapitres 13 à 15, IIe partie, et 1 à 8, IIIe partie.

1856, avril : le roman est achevé. L'auteur en fait exécuter une copie.

■■■ LES CIRCONSTANCES DE LA PUBLICATION

La copie fut envoyée le 31 mai 1856 à Maxime du Camp et c'est dans la *Revue de Paris* dont il était le co-directeur que parut le roman à partir du 1er octobre 1856, après corrections et retouches. La publication s'échelonna sur six numéros. Mais les corrections et les suppressions, même celles qui furent pratiquées sans l'accord de l'auteur, ne furent sans doute pas suffisantes pour calmer l'indignation de certains lecteurs à l'apparition de cette œuvre nouvelle. Dès janvier 1857, en effet, des poursuites judiciaires furent entamées à l'encontre de Flaubert pour offense à la morale publique et à la religion. On lui reprochait d'avoir glorifié l'adultère, d'avoir présenté à ses lecteurs des scènes d'une sensualité trop vive et d'avoir mêlé des images voluptueuses aux choses de la religion. (Voir coll. « Folio », Dossier du procès, p. 466 à 492.) Le procès eut lieu le 31 janvier. Flaubert, l'imprimeur et le gérant de la *Revue* furent acquittés, le 7 février. (Baudelaire n'échappera pas, lui, à la condamnation pour ses *Fleurs du mal*, en août de la même année).

En avril 1857, *Madame Bovary* paraissait chez l'éditeur Michel Lévy, en deux volumes. Le premier tirage de 6 000 exemplaires, important pour l'époque, fut suivi en juin d'un second tirage.

2 Résumé

■ PREMIÈRE PARTIE

Chapitre 1. *Présentation de Charles Bovary*[1]
Un garçon d'une quinzaine d'années entre au Collège de Rouen dans la classe de 5e. Tout en lui, son maintien comme sa mise, est ridicule. Ce nouveau, Charles Bovary, est un « gars de la campagne ». Il arrive d'un village aux confins du pays de Caux et de la Normandie où ses parents se sont retirés. Son père est un incapable qui n'a su qu'accumuler les échecs. Sa mère, aigrie, cherche à compenser ses déceptions par son amour pour son fils.

Charles Bovary quitte le collège à la fin de la 3e pour étudier la médecine à Rouen. Très médiocre étudiant, il réussit cependant à passer l'examen d'officier de santé qui permettait à l'époque d'exercer la médecine sans avoir le titre de docteur en médecine.

Il s'installe à Tostes et sa mère lui fait épouser une veuve de quarante-cinq ans, Mme Dubuc, qui est laide mais qui a du bien. La vie conjugale paraît être au jeune homme une nouvelle prison.

Chapitre 2. *Premières rencontres de Charles et d'Emma Rouault*
Une nuit d'hiver, Charles est appelé à la ferme des Bertaux. Le père Rouault, le maître des lieux, un paysan qui paraît assez aisé, vient de se casser la jambe. L'officier de santé est sensible au charme de Mlle Emma, sa fille. Il multiplie les visites aux Bertaux, jusqu'au jour où son épouse jalouse lui interdit d'y retourner. Au début du printemps, le notaire de celle-ci disparaît en emportant ses fonds, la laissant à demi-ruinée. Elle meurt brusquement une semaine plus tard. Ainsi s'achève la première expérience conjugale de Charles.

---

1. L'ensemble des titres donnés dans ce chapitre ne sont pas de Flaubert.

Chapitre 3. *La demande en mariage*

Peu après, le père Rouault l'invite aux Bertaux, pour le distraire... Il revoit Emma et, durant l'été, prend conscience de son amour pour la jeune fille. À l'époque de la Saint Michel il se décide à la demander en mariage. La noce est fixée au printemps suivant. L'hiver sera occupé par les préparatifs.

Chapitre 4. *La noce*

Description et récit mêlés : l'arrivée des invités, le cortège, la table, le départ des invités, la nuit de noces, le retour à Tostes.

Chapitre 5. *Vie conjugale. Première déception d'Emma*

La maison de Charles ; il découvre dans mille petits détails le bonheur près d'Emma. Mais la jeune femme est loin de faire semblable découverte. La réalité ne correspond pas à ce qu'elle a lu dans ses livres.

Chapitre 6. *L'éducation et les rêves de la jeune Emma au couvent*

Par un retour en arrière, le chapitre évoque l'influence de la littérature, des images et du couvent sur « un tempérament sentimental ». Emma à lu *Paul et Virginie*[1], s'est délectée de livres pieux, de romans sentimentaux et historiques, de poèmes romantiques. Elle a rêvé devant des images pieuses, des assiettes peintes, des gravures anglaises ou exotiques représentant des scènes d'amour.

Chapitre 7. *Les réalités de la vie conjugale*

Charles s'émerveille de trouver en Emma une épouse accomplie, sachant aussi bien conduire convenablement son ménage, que dessiner, jouer du piano, recevoir avec élégance. Mais il est, pour son compte, totalement dépourvu de mystère et de raffinement, et la jeune femme que l'ennui menace doit se heurter, de plus, à l'hostilité jalouse de sa belle-mère. À la fin de septembre, pourtant, un événement vient rompre la monotonie de son existence : les deux époux sont invités à un bal à la Vaubyessard, chez le Marquis d'Andervilliers.

---

1. *Paul et Virginie* (1788) : roman exotique de Bernardin de Saint-Pierre (1737-1814) fort en vogue à l'époque. Dans un décor paradisiaque, deux enfants, élevés ensemble, s'aiment d'amitié, puis d'amour.

Chapitre 8. *Le séjour au château de la Vaubyessard*
Description du château ; dîner, bal, souper. Emma, émerveillée, découvre un autre monde. Le retour à Tostes est silencieux et morose. Dès le lendemain la jeune femme se réfugie dans le souvenir de ce bal.

Chapitre 9. *Les rêveries d'Emma*
Ce qu'elle vient de vivre offre un nouvel aliment à l'imagination d'Emma. Elle rêve de Paris et se met à lire Balzac et Eugène Sue. Mais rien ne peut assouvir ses désirs vagues et elle s'irrite de plus en plus de la sottise absolue de son mari. Les saisons se succèdent, l'ennui s'accroît et le caractère de la jeune femme s'altère. Un an et demi après le bal de la Vaubyessard, on lui trouve une maladie nerveuse et Charles, qui est resté quatre ans à Tostes, doit se résoudre à déménager à Yonville pour « changer [Emma] d'air ». Emma est enceinte quand le ménage quitte Tostes.

■■■ DEUXIÈME PARTIE

Chapitre 1. *Yonville-l'Abbaye et ses habitants*
La situation d'Yonville. L'église, les halles et la mairie, la pharmacie, l'auberge du *Lion d'Or*. Madame Lefrançois, patronne de l'auberge, prépare le dîner : on attend les Bovary. Monsieur Homais, le pharmacien, est là ; il bavarde inlassablement. Entrent ensuite le percepteur, Binet, et le curé, Bournisien. Enfin, la diligence arrive : les Bovary descendent en même temps que Lheureux, le marchand d'étoffes et de nouveautés.

Chapitre 2. *Un dîner au* Lion d'Or
Pendant que le pharmacien et l'officier de santé s'entretiennent de l'exercice de la médecine, Emma engage une conversation romantique avec Léon Dupuis, clerc de notaire et habitué de l'auberge, qui dîne avec eux. Ils se confient leurs goûts communs.

Chapitre 3. *Naissance de Berthe ; amitié amoureuse*
Emma donne naissance à une fille, qui sera prénommée Berthe. Après le baptême, la petite est mise en nourrice, chez

Mme Rollet. Mme Tuvache, la femme du maire, trouve qu'Emma se compromet pour être allée voir sa fille au bras de Léon.

Chapitre 4. *La vie à Yonville*

La vie se poursuit avec une monotone régularité. Emma guette chaque jour le passage de Léon. Le dimanche, Homais reçoit : on joue au trente-et-un, à l'écarté, aux dominos, Léon et Emma regardent ensemble *L'illustration* ; on échange des cadeaux. Le jeune homme voudrait déclarer sa flamme à Emma. Sa timidité l'en empêche.

Chapitre 5. *Emma découvre l'amour et ses souffrances*

En février, une promenade aux environs d'Yonville en compagnie des Homais et de Léon donne l'occasion à Emma d'opposer la platitude de Charles au charme du jeune homme. Elle comprend qu'elle est amoureuse de lui. C'est le lendemain que survient Lheureux pour lui proposer des écharpes, des cols brodés et autres colifichets. Elle résiste à la tentation et s'efforce par la suite d'être une maîtresse de maison accomplie. Son calme apparent cache, en fait, une douloureuse lutte intérieure entre des sentiments violents : amour pour Léon, orgueil de rester vertueuse, haine à l'égard de son mari.

Chapitre 6. *Emma et le curé. Départ de Léon*

Un soir d'avril, l'angélus rappelle à Emma le souvenir de son couvent. La religion, peut-être, pourrait l'aider : elle se rend à l'église dans le dessein de confier son trouble au curé. Mais le dialogue entre elle et lui n'est qu'une suite de malentendus grotesques qui laissent la jeune femme aussi malheureuse qu'avant. Léon de son côté s'enfonce dans la mélancolie. Il décide alors de partir pour Paris et vient faire ses adieux à Emma. Au cours de la soirée qui suit son départ, Homais annonce que des Comices agricoles auront lieu dans l'année à Yonville.

Chapitre 7. *Rodolphe Boulanger*

Le chagrin d'Emma s'apaise peu à peu mais les « mauvais jours de Tostes » recommencent. Elle a des malaises, se passe quelques fantaisies, achète par exemple une écharpe à Lheureux. Un jour de marché, Rodolphe Boulanger, le nouveau châtelain de la Huchette, entre en contact avec les

Bovary à l'occasion d'une saignée à faire à un de ses fermiers. Il trouve Emma très jolie. Célibataire et coureur de jupons invétéré, il décide aussitôt de la séduire.

Chapitre 8. *Les Comices agricoles*

À la mi-août, tout le village est en fête pour la solennité des Comices. Rodolphe n'attendait que cette occasion pour faire sa cour à la jeune femme. Il s'arrange pour être seul avec elle et c'est ensemble qu'ils assistent à l'examen des bêtes, à l'arrivée des notables, et que, du premier étage de la mairie, ils entendent les discours officiels, auxquels Rodolphe apporte le contrepoint de ses lieux communs séducteurs. Les discours sont suivis de la distribution des récompenses. La fête se termine par un feu d'artifice. M. Homais rendra compte des Comices dans un article du *Fanal de Rouen*, dont il est le correspondant.

Chapitre 9. *La chute d'Emma*

Aux premiers jours d'octobre, Rodolphe rend visite à Emma. Il joue d'abord la comédie du désespoir, puis de l'amant romantique et, Charles survenant, suggère pour la santé d'Emma l'exercice du cheval. Sur l'insistance de son mari, la jeune femme part donc un jour pour une promenade à cheval en compagnie de Rodolphe. Yonville dépassé, ils pénètrent dans une forêt. C'est là qu'Emma s'abandonne à son compagnon. Les rendez-vous des deux amants seront désormais quotidiens. Dans son exaltation, la jeune femme pousse même la hardiesse jusqu'à se rendre de bon matin, et chaque fois qu'elle le peut, au château de Rodolphe. Celui-ci commence à prendre peur.

Chapitre 10. *Évolution des sentiments d'Emma*

Emma est elle-même gagnée par la crainte car elle rencontre Binet au retour d'une de ses escapades matinales. C'est donc sous la tonnelle du jardin des Bovary qu'auront lieu les rendez-vous pendant tout l'hiver. Mais Rodolphe à la fin se lasse. Emma elle-même, à l'arrivée du printemps, bien que toujours subjuguée, prend conscience du sentiment douloureux qui l'étreint. Elle rêve à son enfance et dresse le bilan amer de son existence après la lecture d'une lettre naïve et charmante de son père. Il lui prend des accès de tendresse maternelle et elle voudrait revenir à son mari.

Chapitre 11. *L'opération du pied-bot*

Sur la sollicitation d'Homais et d'Emma, Charles se laisse convaincre d'opérer de son pied-bot Hippolyte, le garçon d'écurie du *Lion d'Or*. L'opération se déroule bien, et Emma se prend à éprouver quelque tendresse pour son mari. Malheureusement les complications surviennent vite, la jambe d'Hippolyte se gangrène. C'est M. Canivet, célèbre médecin de Neuchâtel qui doit pratiquer l'amputation de la cuisse. La déception est totale pour Mme Bovary. Humiliée d'avoir pu croire encore son mari capable d'être autre chose qu'un médiocre, ses dernières velléités de vie vertueuse disparaissent, elle se détache irrémédiablement de lui et retrouve Rodolphe avec ardeur.

Chapitre 12. *Projets de fuite*

Sa passion pour son amant ne fait que croître désormais. Elle s'engage de plus en plus, donnant prise sur elle à Lheureux par les dettes qu'elle contracte pour offrir des cadeaux à Rodolphe. Celui-ci, incapable de comprendre cet amour, la traite sans façons. Il acquiesce pourtant à son projet de fuite ensemble, qui est enfin fixé au début de septembre. Tout est prêt, Lheureux une fois de plus a procuré le nécessaire et les amants se quittent à minuit l'avant-veille du départ. Mais Rodolphe sait déjà qu'il ne partira pas avec Emma et sa fille.

Chapitre 13. *La lettre et le départ de Rodolphe*

Rentré chez lui, Rodolphe écrit une lettre à Emma pour justifier sa décision et la lui fait porter le lendemain à deux heures. La jeune femme comprend aux premiers mots et s'enfuit au grenier où, dans un vertige, elle a la tentation du suicide. Redescendue pour le repas, elle entend passer le tilbury de Rodolphe et perd connaissance. Une fièvre cérébrale la clouera au lit jusqu'au milieu d'octobre, où elle aura une rechute.

Chapitre 14. *La convalescence d'Emma*

Lheureux, dont on apprend qu'il est un commerçant avisé et un usurier retors, se montre plus menaçant et plus arrogant. Charles, qui ne peut rembourser les dépenses engagées par sa femme, doit souscrire un billet et même lui emprunter de l'argent. Dans l'inaction de sa convalescence cependant, Emma reçoit des visites du curé et sombre dans la dévotion. Elle a des accès de mysticisme naïf, veut devenir sainte, s'adonne à des lectures pieuses qui l'ennuient et se livre à des charités excessives. Mais ces velléités ne durent que jusqu'au début du printemps. Un jour, après une conversation avec le curé sur la moralité du théâtre, Homais suggère aux Bovary d'aller à Rouen assister au spectacle. L'idée est mise à exécution dès le lendemain.

Chapitre 15. *Au théâtre*

Les Bovary arrivés en avance ont tout le temps d'observer la salle, puis le décor. Évocation du ténor Lagardy et des effets de la musique sur Emma. À l'entracte, Charles, qui est allé cherché un rafraîchissement pour sa femme, a rencontré Léon. Le clerc vient saluer Emma. Il a acquis plus d'aisance et, au café où il a emmené les Bovary, s'arrange pour faire rester la jeune femme un jour de plus à Rouen.

▰▰▰ TROISIÈME PARTIE

Chapitre 1. *Les débuts d'une nouvelle liaison*

Léon se rend à l'Hôtel de la Croix-Rouge où Emma est descendue. Une longue conversation s'engage, où les deux personnages s'exaltent en évoquant leurs rencontres à Yonville, leurs peines, leurs rêves. Le clerc obtient un nouveau rendez-vous pour le lendemain à la cathédrale. Emma dès son départ écrit une lettre pour se dégager de ce rendez-vous mais, ne sachant pas l'adresse de Léon, décide qu'elle la lui remettra elle-même.

Le lendemain, Léon se promène dans la cathédrale en l'attendant. Emma arrive enfin, lui tend un papier, se ravise, puis va s'agenouiller. Comme ils allaient enfin partir, le suisse s'approche et leur fait visiter le monument, à la grande impatience de Léon qui n'ose l'éconduire et subit sans broncher ses explications. Débarrassé de l'importun, il peut proposer une promenade en fiacre à Madame Bovary, et c'est une longue et suggestive traversée de Rouen en voiture fermée qui clôt le chapitre.

Chapitre 2. *La mort du père Bovary et la procuration*
Emma est à peine rentrée à Yonville qu'elle doit passer chez Homais, dont elle trouve la maison toute bouleversée : Justin, l'aide de l'apothicaire, a commis une faute grave, il a pris, pour faire les confitures, une bassine dans le « capharnaüm » où son maître range l'arsenic. Homais apprend enfin brutalement à Emma la nouvelle qu'il était chargé d'annoncer : le père de Charles est mort. Le lendemain, les deux époux, aidés de Mme Bovary mère, préparent les affaires de deuil. C'est alors que Lheureux se présente pour faire renouveler un billet et suggérer à Emma d'obtenir une procuration de son mari. Elle offre à Charles de se rendre à Rouen pour consulter le clerc de notaire sur cette question. Prétexte à un séjour de trois jours.

Chapitre 3. *Une vraie lune de miel*
Évocation des trois jours passés à Rouen en compagnie de Léon, leurs dîners dans une île, les retours en barque au clair de lune.

Chapitre 4. *Visite de Léon à Yonville, ardeurs musicales d'Emma*
Impatient de revoir sa maîtresse, Léon vient à Yonville. Il dîne au Lion d'Or et rend visite aux Bovary. Les deux amants décident de trouver un moyen de se voir régulièrement. Emma fait de nouvelles dépenses auprès de Lheureux. Elle s'arrange pour que son mari lui permette de se rendre une fois par semaine à Rouen, le jeudi, pour y prendre des leçons de piano.

Chapitre 5. *Les jeudis d'Emma*
Les jeudis d'Emma s'écoulent de façon rituelle : le départ d'Yonville au petit matin, la route, le panorama de Rouen, la ville qui s'éveille, la chambre douillette des rendez-vous, puis le retour et la rencontre d'un horrible aveugle, qui la trouble. Emma s'abandonne avec fougue à sa passion.
Elle prend l'habitude de mentir pour tenir secrets les motifs réels de ses voyages. Mais Lheureux, un jour, l'aperçoit au bras de Léon. Il profite de la situation pour la pousser à vendre une propriété, après lui avoir demandé le remboursement de ses dettes et il lui fait signer de nouveaux billets à ordre. La situation financière du ménage est de plus en plus précaire et quand la mère Bovary dont on a demandé l'aide

l'apprend, elle fait une scène qui provoque une attaque de nerfs de sa belle-fille. Rien pourtant n'arrête Emma qui même, un soir, reste à Rouen. Charles s'y rend en pleine nuit et ne la retrouve qu'à l'aube. Après cet incident, Emma ira désormais à la ville quand l'envie lui en prendra. Léon est de plus en plus subjugué.

Chapitre 6. *Déceptions*

Un jeudi, Homais prend la diligence pour Rouen en même temps qu'Emma. Il veut y retrouver Léon qui l'avait un jour invité à revoir les lieux de sa jeunesse. Le clerc doit subir son bavardage pendant de longues heures sans oser se débarrasser de lui. Emma, exaspérée, quitte l'hôtel où elle l'attendait. Elle se rend bien compte, alors, de tous les défauts de son amant et, bien que toujours avide de ses caresses, elle ne peut plus se cacher désormais l'alternance de déception et d'espoir que connaît sa passion affaiblie. Une menace de saisie la ramène à la conscience des questions matérielles. Lheureux lui fait signer de nouveaux billets, à échéances rapprochées. Il lui faut de l'argent : elle se fait payer des factures de son mari, vend de vieilles choses, achète dans l'intention de revendre, emprunte à tout le monde, engage même un cadeau de noces au mont-de-piété[1]. Tout dans sa maison annonce la ruine et le laisser-aller... Léon, cependant, soucieux de respectabilité au moment de devenir premier clerc, est fatigué d'Emma et s'ennuie avec elle. La jeune femme en est aussi dégoûtée mais n'a pas le courage de le quitter. Un soir, en rentrant à Yonville après une nuit passée au bal masqué de la mi-carême, elle apprend la nouvelle de la saisie de ses meubles. Une visite à Lheureux ne fléchit pas le négociant, qui se montre brutal et cynique.

Chapitre 7. *La saisie*

Madame Bovary se sent traquée. Le procès-verbal de saisie (un samedi), suivi le surlendemain de l'annonce de la vente, la contraint aux démarches les plus humiliantes. À Rouen d'abord où, le dimanche, elle n'essuie que refus de la part des banquiers et ne reçoit qu'une promesse vague de Léon (elle va même jusqu'à lui suggérer de voler à son

---

1. Etablissement public qui prête de l'argent moyennant la mise en gage d'objets qu'on y dépose.

étude l'argent dont elle a besoin). À Yonville ensuite, Me Guil-laumin le notaire la reçoit sans égards mais s'enhardit à lui déclarer une passion cachée, tandis que Binet, sollicité, s'esquive. Réfugiée chez la mère Rollet dans l'attente, vite déçue, de l'arrivée de Léon, elle a soudain l'idée de s'adres-ser à Rodolphe.

Chapitre 8. *Dernière démarche, et la mort*
Emma est d'abord toute tendresse en retrouvant son pre-mier amant. Mais Rodolphe ne peut lui donner les 3 000 francs qu'elle demande. Il ne les a pas. La jeune femme alors s'emporte et le quitte bouleversée. Dans sa souffrance, elle a des hallucinations. Elle court chez Homais, y avale de l'arse-nic du « capharnaüm », puis rentre chez elle. Les premiers effets de l'empoisonnement se font vite sentir. Charles affolé ne sait que faire, Homais propose une analyse, et quand, après les adieux d'Emma à sa fille, Canivet puis le grand Doc-teur Larivière arrivent, ils constatent qu'il est impossible de la sauver. Après le dîner des médecins chez un Homais ébloui de tant d'honneurs, Madame Bovary reçoit l'extrême-onction. Elle meurt en entendant pour la dernière fois la chanson de l'aveugle, qui arrive à Yonville pour y prendre une pommade que l'apothicaire lui a proposée lors de sa rencontre sur la route de Rouen.

Chapitre 9. *La veillée funèbre et la douleur de Charles*
La douleur de Charles est immense. Il conserve à peine assez de bon sens pour ordonner les dispositions funèbres. Homais et Bournisien veillent la morte tout en discutant âpre-ment de questions « théologiques ». Après l'arrivée de Mme Bovary mère, les visites et la toilette funèbre, la deuxième veillée commence. Homais et le curé se disputent de nouveau entre deux sommes et Charles, éperdu, som-bre dans le désespoir. Puis Emma est mise en bière.

Chapitre 10. *L'enterrement*
Le père Rouault s'est évanoui en voyant les draps noirs. Obsèques religieuses, cortège funèbre dans une campagne printanière, inhumation, douleur du père et son départ. Ce soir-là, tandis que Rodolphe et Léon dorment, Charles veille en pensant à sa femme disparue.

Chapitre 11. *La fin de Charles*

Tous les créanciers, alors, s'acharnent sur le pauvre Bovary. Félicité, la bonne, le quitte en emportant la garde-robe d'Emma. Léon se marie. Charles retrouve au grenier la lettre de Rodolphe. Il choisit un mausolée pompeux pour la tombe, et se brouille définitivement avec sa mère. Sa fille seule lui reste. Il découvre un jour toutes les lettres de Léon et ne peut plus douter de son infortune. Un jour du mois d'août il rencontre Rodolphe et lui dit ne pas lui en vouloir. Le lendemain, sa fille retrouve Charles mort sur le banc du jardin. Homais, lui, est comblé : « Il vient de recevoir la croix d'honneur. »

3 Les personnages

■ MADAME BOVARY

Portrait physique

Flaubert ne trace pas dès le début de son roman un portrait physique définitif de son héroïne, comme l'eût fait un Balzac. C'est par petites touches dispersées d'un bout à l'autre de son livre qu'il la décrit, et le plus souvent à travers le regard d'un personnage.

Elle apparaît au chapitre 2 (Ire partie), sur le seuil de la maison pour recevoir Charles Bovary, « en robe de mérinos bleu garnie de trois volants » (p. 37). Un peu plus tard, dans le décor de la chambre du Père Rouault, puis dans la salle à manger (p. 39 et 40), elle est dépeinte de manière plus détaillée. Le jeune médecin remarque la blancheur de ses ongles « taillés en amande » (p. 38), la forme imparfaite de ses mains, la beauté de ses yeux bruns qui « semblaient noirs à cause des cils » (p. 38), ses cheveux coiffés en bandeaux, ses pommettes roses.

Les yeux, les cheveux, le teint : ces trois traits sont fréquemment évoqués par le narrateur. Ils caractérisent le mieux l'héroïne et lui assurent dans le roman tout son pouvoir de séduction, sur Charles d'abord, puis sur Léon, puis sur Rodolphe.

Au chapitre 2 de la deuxième partie, Emma tout juste arrivée à Yonville se réchauffe devant la cheminée de la cuisine de l'auberge du *Lion d'Or*. Léon est là qui la regarde. Il remarque « son pied chaussé d'une bottine noire » qu'elle tend à la flamme, « les pores égaux de sa peau blanche et même les paupières de ses yeux qu'elle clignait de temps à autre. » (p. 119).

Lorsque Rodolphe rencontre Emma aux Comices, il admire son profil qui « se détachait en pleine lumière, dans l'ovale de sa capote », ses yeux « aux longs cils courbes », la finesse de sa peau sous laquelle on devine « le sang qui battait doucement », « le bout nacré de ses dents blanches » (p. 187-188).

Il est intéressant de remarquer que la chevelure est un attribut majeur de la féminité d'Emma. Sa coiffure reflète ses états d'âme. Lorsqu'elle se veut sage, elle discipline ses cheveux et les coiffe en bandeaux : les cheveux sont partagés sur le milieu du front et lissés de chaque côté du visage. C'est ainsi que Charles la voit pour la première fois. Cependant, il remarque sur sa nuque de « petits cheveux follets » (p. 41), indice d'une certaine sensualité. Plus tard, à Yonville, après le départ de Léon, Emma s'ennuie et s'amuse à changer de coiffure : « Souvent, elle variait sa coiffure : elle se mettait à la chinoise, en boucles molles, en nattes tressées ; elle se fit une raie sur le côté de la tête et roula ses cheveux en dessous, comme un homme » (p. 174). Lorsqu'elle retrouve Rodolphe au petit matin, des gouttes de rosée sont suspendues à ses bandeaux et elle se recoiffe avec le peigne de son amant ; après ses rendez-vous avec Léon à Rouen, elle va chez le coiffeur pour faire remettre ses cheveux en ordre avant de rentrer à Yonville (p. 343). Enfin, la chevelure d'Emma révèle une sensualité parfois troublante : le jeune apprenti pharmacien, Justin, en visite chez Madame Bovary, est fasciné et effrayé lorsqu'il la voit enlever son peigne et que se déroulent les « anneaux noirs » de sa chevelure « qui descendait jusqu'aux jarrets » (p. 282). Et ce n'est certainement pas un hasard si la dernière image que nous ayons de Charles est celle d'un homme mort qui tient dans ses mains « une longue mèche de cheveux noirs » (p. 440).

Éducation

Le séjour au couvent des Ursulines de Rouen est déterminant pour Emma. C'est là que son imagination s'enflamme à la lecture des livres, à la contemplation des gravures romantiques, et dans la participation aux offices religieux. Mais elle ne retient de ces expériences que ce qui flatte sa nature, sans aucun esprit critique, sans acquérir le sens d'aucune discipline. La discipline, du reste, est « quelque chose d'antipathique à sa constitution ». De « tempérament plus sentimental qu'artiste » (p. 66), elle n'aime la littérature que pour ses « excitations passionnelles » et l'église que « pour ses fleurs » (p. 69).

On comprend bien, dès lors, qu'à sa sortie du couvent Emma ait pris la campagne en dégoût, se soit ennuyée aux Bertaux, et n'ait guère aidé son père. Celui-ci « l'excusait intérieurement, trouvant qu'elle avait trop d'esprit pour la culture » (p. 49). Croyant éprouver de l'amour, elle épouse le premier prétendant qui se présente. Tout le développement du roman est dans cette situation initiale : une jeune fille rêveuse, sans réelle formation intellectuelle et morale, exaltée par des lectures mal conduites, et qui épouse un médiocre destiné à mener une vie médiocre. Sous cet angle, *Madame Bovary* est un roman d'apprentissage[1].

Insatisfaction et désillusion : le bovarysme

Entre l'idéal et la médiocrité quotidienne, l'esprit d'Emma se meut sans cesse de la torpeur à l'exaltation, du désir d'évasion à l'impatience de la réclusion. Elle est excessive en tout et elle retombe toujours dans les mêmes ornières. Elle se répète sans progresser, incapable de tirer parti de l'expérience. Elle use avec Léon des mêmes « ressources naïves » (p. 361) qu'avec Charles au début de son mariage quand, en pure perte, elle récitait des vers et « chantait en soupirant des adagios mélancoliques » (p. 75) pour se donner de l'amour et rendre son mari plus passionné. Et ses constatations sont les mêmes lorsqu'il s'agit de dresser le bilan de ses relations avec Rodolphe ou avec Léon : « ... ils se retrouvaient l'un vis-à-vis de l'autre comme deux mariés qui entretiennent tranquillement une flamme domestique » (p. 229) ; « Emma retrouvait dans l'adultère toutes les platitudes du mariage » (p. 371). S'il y a évolution chez elle, c'est dans le sens d'une plus grande irritation, d'une plus profonde souffrance. La répétition accroît la déception.

---

1. Un roman d'apprentissage — encore appelé roman d'éducation ou roman de formation — raconte l'histoire d'un personnage qui construit peu à peu sa personnalité et qui évolue en fonction des expériences qu'il lui est donné de vivre.

Madame Bovary a aimé, pourtant, et elle a été aimée. Elle a été heureuse. Sa liaison avec Rodolphe lui a vraiment apporté une révélation, celle de l'amour. Dès son premier abandon « quelque chose était survenu de plus considérable que si les montagnes se fussent déplacées » (p. 218). Elle a été transfigurée (voir p. 219).

Mais elle ne savoure vraiment son amour qu'après s'être rappelé « les héroïnes des livres qu'elle avait lus, et la légion lyrique [des] femmes adultères » (p. 219). C'est ce qui la perd. Car, dans l'incapacité de croire à ce qui ne se manifeste que par des formes convenues, elle n'accorde de réalité et de prix qu'aux êtres de fiction, plus grands, plus beaux, plus ardents que nature. Elle évolue continuellement dans l'écart entre les « sommets du sentiment » et « l'existence ordinaire », entre le rêve et la réalité. A ses yeux, le bonheur n'a besoin pour s'épanouir que de « terrains préparés, une température particulière » (p. 94). C'est ainsi qu'elle s'imagine qu'il suffit de s'enfuir dans l'Italie de ses rêves pour connaître toutes les félicités. Elle ne comprend pas que le bonheur aurait pu être à sa portée si elle avait su lutter pour le conquérir et sortir de ses rêves romantiques.

Certes, la société ne lui laissait guère les possibilités de s'affranchir des liens de toute nature qui emprisonnaient les femmes au XIXe siècle. Mais Emma est, de toute façon, faible et velléitaire. Elle ne sait pas toujours clairement ce qu'elle veut, partagée parfois cocassement entre les souhaits contradictoires de voyager ou de retourner vivre dans son couvent, de mourir ou d'habiter Paris ! (voir p. 95).

Il lui arrive pourtant de faire preuve de lucidité. À la mort de sa mère, elle s'est rendue compte de la fausseté de « ce rare idéal des existences pâles, où ne parviennent jamais les cœurs médiocres » qu'elle voulait atteindre (p. 68). De même « l'immense duperie » de la dévotion qu'elle affiche après la fuite de Rodolphe lui apparaît cruellement (p. 281). Mais dans ces deux cas, son orgueil l'empêche d'en convenir. À l'opéra, elle est profondément consciente des artifices et des exagérations de l'art, assez intelligente pour « ne plus voir dans cette reproduction de ses douleurs qu'une fantaisie plastique bonne à amuser les yeux » (p. 293). Cette clairvoyance ne résiste malheureusement pas à l'apparition sur la scène du héros lyrique, et elle retombe aussitôt dans ses rêveries habituelles. Cet épisode est bien significatif de ce conflit constant en elle entre désir de lucidité et besoin d'idéal, qui recoupe l'autre conflit opposant la réalité au rêve ou à l'idéal.

L'envie de voluptés plus hautes dans l'ordre du plaisir la mène à la dépravation. Une inextinguible soif d'absolu et un profond pessimisme, dans l'ordre du sentiment, la persuadent de « l'insuffisance de la vie » et lui interdisent de croire longtemps à rien : « Rien, d'ailleurs, ne valait la peine d'une recherche ; tout mentait ! » (p. 363).

Le drame d'Emma c'est de se faire toujours illusion sur elle-même, soit en niant ou en reniant les sentiments vrais qu'elle éprouve ou a éprouvés, soit en croyant vivre des sentiments qu'elle n'éprouve pas. Elle se conçoit toujours autre qu'elle n'est. C'est ce que l'on a appelé le *bovarysme*.

Finalement, la seule expérience qu'Emma vivra sans se référer aux modèles de ses livres sera le suicide. Il lui aura fallu affronter l'épreuve de la mort pour rencontrer l'authenticité.

■■■ CHARLES BOVARY

Le roman de Flaubert s'ouvre par l'arrivée du jeune Charles Bovary au collège. C'est lui qui, dès les premières pages, occupe notre attention. Emma ne sera vue, d'abord, qu'à travers lui et c'est en lui que le drame trouvera sa résonance la plus tragique après le suicide de la jeune femme. Précédant l'apparition de l'héroïne et lui succédant dans la mort, comme l'agent pitoyable du destin, c'est lui enfin que le romancier charge, à la dernière page, de prononcer « le grand mot » qui éclaire ses intentions : « C'est la faute de la fatalité » (p. 440).

Une éducation négligée

Comme pour Emma, Flaubert s'étend assez longuement aux premiers chapitres sur l'éducation de Charles. C'est par ces « préparations » que le personnage échappe au type pour acquérir, lui aussi, dans le roman, un peu de l'épaisseur de l'individu. Tiraillé entre des parents désunis, son instruction a été fort négligée. Entre ses courses vagabondes dans la campagne, qu'on devine heureuses, et les leçons dérisoires de son curé, son intelligence s'est moins développée que son corps. Le collégien gauche, mais appliqué et tranquille, qui manque totalement de la fantaisie de ses condisciples, n'est guère brillant. L'étudiant en médecine dépassé par ses études, sans curiosité, sans énergie et qui ne connaît de la ville que les cabarets, ne le sera guère plus. De « tempérament modéré », on sent bien qu'il ne fait qu'obéir aux désirs de sa mère, qui a de l'ambition pour lui.

Un homme sans caractère

Charles apparaît d'abord comme un faible, destiné à être dominé. Par sa mère d'abord, qui choisit pour lui sa première femme, et quelle femme !, par cette première épouse ensuite, qui le tient sous sa coupe, comme un enfant, par Emma enfin, qui le mène à sa volonté. Son absence de caractère est totale, allant jusqu'à la lâcheté lorsqu'il s'abstient de prendre la défense d'une domestique chassée par caprice, comique lorsqu'on nous le montre entre sa mère et sa femme, désireux de ménager l'une et l'autre sans pouvoir prendre parti : « Il respectait sa mère, et il aimait infiniment sa femme » (p. 74).

Un médiocre

Quel mari pour Emma ! Il est à l'opposé de ses rêves de jeune fille : « Il n'enseignait rien, celui-là, ne savait rien, ne souhaitait rien. » Sa conversation est « plate comme un trottoir de rue » (p. 72). Il parle du reste très peu. Et puis tout dans son allure est mesquin. Il ne porte que de vieilles bottes, des gants déteints, ronfle la nuit et a des manies, comme celle de couper les bouchons des bouteilles vides, ce tic qui exaspérait si fort Flaubert.

Le bonheur bourgeois où il s'enfonce semble accentuer ses allures épaisses. Il engraisse, il « rumin[e] son bonheur » (p. 62) et le soir il ne sait que s'asseoir « les deux mains sur son ventre, les deux pieds sur les chenets, la joue rougie par la digestion » (p. 151).

Cette médiocrité, Charles en fait preuve aussi dans l'exercice de sa profession. Certes, c'est un homme honnête, consciencieux, et tant qu'il ne s'agit que de réduire une fracture simple, de saigner des paysans ou d'arracher une dent, il peut acquérir une réputation à peu de frais. Mais l'opération du pied-bot se révèle catastrophique, et le Docteur Canivet n'aura même pas recours à son aide pour l'amputation de la jambe d'Hippolyte. Dans les grands moments d'ailleurs, il perd la tête et ne fait qu'appeler au secours lorsqu'Emma s'évanouit au départ de Rodolphe (p. 272) ou quand il apprend qu'elle s'est empoisonnée (p. 402).

Un mari aimant et bafoué

Mais Charles n'est pas dénué de qualités humaines. Il aime sa femme d'un amour sincère et profond. Il est touchant de spontanéité naïve dans l'expression de sa tendresse, aux premiers temps de son mariage (p. 62), comme plus tard au moment de la grossesse d'Emma (p. 129-130). Même, il sait vivre cette grossesse comme une authentique et enrichissante expérience : « C'était un autre lien de la chair s'établissant, et comme le sentiment continu d'une union plus complexe » (p. 129). Plus tard, il s'occupera bien mieux de son enfant que ne le fera sa femme. Il pensera avec ferveur à l'avenir de Berthe alors qu'Emma s'abandonnera à de vaines rêveries (p. 258). C'est lui qui jouera avec sa fille et lui apprendra à lire quand sa mère la négligera complètement (p. 368).

Il est maladroit, certes, mais en toutes occasions, il cherche à plaire à sa femme. À Tostes, il lui trouve une voiture pour satisfaire son goût de la promenade (p. 60) et à Yonville une pouliche (p. 218). Il est toujours prompt à s'inquiéter de sa santé (p. 175) ou de son bien-être (qu'on pense à l'épisode du châle, par exemple, qu'il lui fait porter à Rouen de crainte qu'elle ne prenne froid, p. 349) et son dévouement semble infini. Il ne comprend pas, hélas !, qu'il ne rend pas sa femme heureuse, et il se montre pitoyable dans sa situation de mari bafoué et qui va toujours au-devant de son infortune. Car c'est lui qui a insisté pour que sa femme fasse de l'équitation avec Rodolphe (p. 212) ; pour qu'elle assiste à la soirée à l'opéra de Rouen (p. 286) et pour qu'elle prenne régulièrement des leçons de musique (p. 337).

Une fin pathétique

Charles devient pathétique à la mort de sa femme, et la profondeur de son désespoir lui confère même une certaine grandeur. La douleur l'élève alors au-dessus de la médiocrité. Il ne vit plus que dans le souvenir passionné d'Emma, adoptant ses goûts et ses idées : « Pour lui plaire, comme si elle vivait encore, il adopta ses prédilections, ses idées ; il s'acheta des bottes vernies, il prit l'usage des cravates blanches » (p. 433). Sa fin est pitoyable dans sa solitude désespérée : il meurt de chagrin et d'amour sous la tonnelle du jardin, tenant dans ses mains « une longue mèche de cheveux noirs » (p. 440).

■■■■■ LES BOURGEOIS

Être bourgeois constituait aux yeux de Flaubert la plus grave des tares. Son sujet le « dégoûtait » et ses personnages lui étaient antipathiques dans la mesure même où ils étaient « bourgeois ». Pour Flaubert, « quiconque pense bassement » est bourgeois.

Même si elle n'y échappe pas elle-même par bien des côtés, Emma Bovary, grâce à ses aventures, sert de révélateur à cet état d'esprit qui domine chez Rodolphe, Léon, Lheureux et surtout chez Homais, qui incarne le type le plus achevé du petit bourgeois vulgaire et satisfait.

Rodolphe

Si ce bel homme de trente-quatre ans, immédiatement séduit par la grâce d'Emma Bovary, sait lui débiter très vite des propos fades, il n'a rien de l'amoureux fou capable de tout sacrifier aux sentiments. Son expérience des femmes et son tempérament l'en empêchent. Pour lui qui est doté, nous dit-on, d'un solide « bon sens bourgeois » l'amour n'est qu'un « tas de blagues » et la conquête d'une femme une simple affaire de stratégie.

Le narrateur le dit « d'intelligence perspicace ». Il est vrai qu'il sait bien comprendre l'état d'âme d'Emma au moment de leur rencontre, pour la séduire. Mais cette intelligence a ses limites dans son bon sens même, et dans son expérience de séducteur : « Il ne distinguait pas, cet homme si plein de pratique, la dissemblance des sentiments sous la parité des expressions. Parce que des lèvres libertines ou vénales lui avaient murmuré des phrases pareilles, il ne croyait que faiblement à la candeur de celles-là [celles d'Emma] » (p. 253).

Rodolphe est épris, pourtant. Mais l'exaltation l'effraie, il craint de s'engager trop avant. Et il prend sans doute la passion de sa maîtresse d'autant moins aux sérieux qu'il veut pouvoir s'en détacher sans trop de remords. Il partira sans elle le jour où ils devaient fuir ensemble (p. 264) et il se dérobera de nouveau le jour où, traquée par les dettes, elle viendra lui demander de l'argent (p. 396).

Léon

Emma trouve Léon « charmant ». Blond aux yeux bleus, la mise soignée, le clerc de notaire de Maître Guillaumin a de quoi séduire une femme comme elle, en effet : « il possédait des talents, il peignait à l'aquarelle, savait lire la clef de sol, et s'occupait volontiers de littérature après son dîner, quand il ne jouait pas aux cartes » (p. 127). Aussi sait-il tourner des phrases « poétiques », ce dont est incapable le mari d'Emma. En fait, au moral, Léon est le pendant plus féminin de Charles Bovary. Flaubert est le premier à le faire remarquer : « ... mon mari aime sa femme un peu de la même façon que mon amant. Ce sont deux médiocrités dans le même milieu et qu'il faut différencier pourtant » (lettre du 15 janvier 1853). Économe à l'excès, peureux, prosaïque, c'est lui aussi un « tempérament modéré », et il manque absolument de personnalité. Il finit par se laisser dominer par Madame Bovary : « Il ne discutait pas ses idées ; il acceptait tous ses goûts ; il devenait sa maîtresse plutôt qu'elle n'était la sienne » (p. 356).

La peur de se compromettre et le désir de se conformer au modèle bourgeois dans l'intérêt de son futur état lui inspirent l'ennui de sa liaison et l'envie de rompre. Mais il est trop faible pour s'y décider, l' « absorption de sa personnalité » par celle d'Emma est trop complète. Il représente assez bien le contraire du viril Rodolphe. Les deux hommes se rejoignent pourtant dans leur commune incapacité à aider la jeune femme au moment de la saisie de ses biens, et dans leur attitude semblable au soir de l'enterrement : « Rodolphe, qui, pour se distraire, avait battu le bois toute la journée, dormait tranquillement dans son château ; et Léon, là-bas, dormait aussi. » (p. 430).

Lheureux

La figure grasse et molle, les cheveux blancs, les yeux noirs « à l'éclat rude », le marchand d'étoffes et de nouveautés est un personnage redoutable. On ne connaît pas très bien ses antécédents mais il est insinuant, flatteur : « Poli jusqu'à l'obséquiosité, il se tenait toujours les reins à demi courbés, dans la position de quelqu'un qui salue ou qui invite ». (p. 147). Madame Lefrançois, la patronne de l'auberge du *Lion d'Or*, le définit en deux mots : « un enjôleur, un rampant » (p. 187).

Ses apparitions dans la vie d'Emma semblent réglées par une tactique et une science du cœur que son aspect cha- fouin ne laisserait pas deviner : c'est le lendemain même du jour où elle se rend compte de son amour pour Léon qu'il se présente pour la première fois chez elle, le lendemain du premier cadeau à Rodolphe qu'il dépose sa première facture, trois jours après l'avoir vue à Rouen au bras de Léon qu'il entre dans sa chambre et lui propose de prendre une procu- ration. Profitant de toutes les occasions, prêt à tous les chan- tages, son activité lie intimement deux thèmes du roman : l'adultère et le drame de l'usure. En intervenant toujours au moment où l'héroïne s'engage plus avant dans sa passion coupable, et en lui permettant d'assouvir ses convoitises, luxe et voluptés mêlés, il la précipite aussi toujours plus vite à la ruine et à la mort. Rien ne compte pour lui que l'argent : sa fortune s'élève sur la ruine des Bovary et de Tellier, le patron du Café Français. On sent qu'il ne s'arrêtera pas en si bon chemin, que le *Lion d'Or* lui-même est menacé. Ce sont déci- dément toujours les plus profonds coquins qui triomphent.

Homais

Monsieur Homais est correspondant pour *Le Fanal de Rouen*. Membre de la société d'agronomie et de la commis- sion consultative pour les Comices, c'est un notable d'Yon- ville. Il est pharmacien de son état et se fait la plus haute idée de son art. Il est toujours prêt à exposer ses opinions à qui veut l'entendre. Grand lecteur de Voltaire et de Rousseau — du moins cite-t-il ces auteurs —, le progrès n'a pas plus ardent défenseur que lui, ni le fanatisme et l'Église, de plus féroce adversaire.

Pourtant, en dépit de leurs incessantes querelles, le curé Bournisien et Homais se ressemblent par une commune crédulité. Car, malgré son culte affirmé pour la raison et pour la science, le pharmacien ne pense pas, ne raisonne pas : il ne fait jamais que réciter. Amoureux de termes pompeux ou rares — « phlébotomie », « notre intéressant stréphopode » —, citant le latin et l'anglais à tout propos, toujours discourant, M. Homais est le dictionnaire incarné des idées reçues et de ce qu'il est convenable de faire et de dire dans toutes les occasions. Il n'a pour s'opposer aux préjugés du curé que des expressions toutes faites, comme des formules de catéchisme. Il représente une défaite de la pensée au XIXe siècle. C'est dans ses paroles et ses manières de doctrinaire que se manifeste le plus clairement cette *bêtise* que Flaubert a combattue toute sa vie.

Sa conception des formes convenues ne relève que d'une morale bien étriquée et assez basse. Dépourvu, quoi qu'il en pense, d'imagination et de perspicacité, il ne devine rien des intrigues amoureuses qui se nouent autour de lui, croyant son apprenti Justin épris de Félicité, attribuant aux abricots tel malaise d'Emma, prétendant enfin que, chez les Bovary, Léon courtisait... la bonne.

Tout plein de préceptes mal assimilés, ils se montre aussi inepte que Charles en proposant d'analyser le poison pris par Emma au lieu de le lui faire rendre aussitôt. Quant à ses conceptions de l'amitié, elles trouvent leurs limites dans les intérêts et le sens pratique du commerçant. Son obséquiosité ne vise qu'à faire oublier à l'officier de santé que lui-même lui fait une concurrence illégale et déloyale en donnant des consultations dans sa boutique. Et, lui qui a pourtant entraîné Charles dans l'opération du pied-bot, il se tait piteusement devant les reproches du docteur Canivet. A la mort d'Emma, il empêche ses enfants de fréquenter la petite Bovary « vu la différence de leurs conditions sociales » (p. 434), et il abandonne le pauvre veuf à son désespoir. Ce formidable imbécile donnera toute la mesure de sa scélératesse lorsque, à la fin du roman, il publiera dans *Le Fanal de Rouen* des articles contre l'aveugle qu'il n'a pas su guérir. Qu'importe ? Les apparences sont sauves, son commerce florissant. C'est un ami de l'humanité, il jouit des faveurs de l'autorité et de l'opinion publique. Il ira loin, peut-être.

■ PERSONNAGES SYMBOLIQUES

Binet

Binet, Hippolyte et l'Aveugle ne sont que des comparses. Mais ils ont une importance dans la trame du roman, en y jouant le rôle de symboles. Binet, ancien militaire, percepteur et capitaine des pompiers d'Yonville, a la régularité et la roideur d'une mécanique sans âme. Pour se distraire il fabrique des ronds de serviette sur un tour. C'est lui qui a surpris Emma au retour d'une de ses visites matinales à Rodolphe. Heureusement pour elle, il « ne se mêlait jamais des affaires d'autrui » (p. 234). Il n'en représente pas moins pour Emma comme un reproche muet, que le ronflement monotone de son tour matérialise et étend sur le bourg tout entier. C'est le bruit continu de cette machine, symbole du destin au cours inexorable, qui produit le vertige de suicide de Madame Bovary après le départ de Rodolphe « comme une voix furieuse qui l'appelait » (p. 270). C'est encore ce tour qu'elle entendra le jour de sa mort, et le rouet de la nourrice, qui l'exaspère, en est le substitut.

Hippolyte et l'Aveugle

Hippolyte, le garçon d'écurie au pied-bot et l'Aveugle de l'auberge du *Lion d'Or*, ne sont pas, eux, du monde des bourgeois. Ce sont les petits, les miséreux, sur qui on essaie, dans l'espoir d'en tirer profit et gloire, une opération ou une pommade « antiphlogistique », l'une et l'autre du reste parfaitement inefficaces. Mais ils révèlent par leur présence l'incapacité de Charles. Hippolyte, en effet, garde les séquelles d'une opération manquée : il porte une jambe de bois ; quant à l'Aveugle, qu'Homais prétendait guérir avec une pommade de son invention, il demeure infirme. Homais, importuné par la présence d'un témoin si gênant pour sa réputation, se débarrasse du malheureux et le fait incarcérer dans un hospice.

L'Aveugle a une fonction plus importante encore par rapport à Emma. La jeune femme le rencontrait au retour de chacun de ses rendez-vous à Rouen, et sa voix rauque la poursuivait et la jetait à chaque fois dans un trouble profond. Il finit par devenir pour elle une figure, impressionnante, du démon et de la damnation du pécheur. Elle meurt en effet en l'entendant, lorsqu'il vient chanter sous les fenêtres de sa chambre de mourante : « Emma se mit à rire, d'un rire atroce, frénétique, désespéré, croyant voir la face hideuse du misérable, qui se dressait dans les ténèbres éternelles comme un épouvantement » (p. 412).

4 Thèmes

■■■■ LA SATIRE DES MŒURS DE PROVINCE

En décidant de sous-titrer son roman « Mœurs de province », et d'en situer l'intrigue dans cette Normandie qu'il connaissait pour y être né et y vivre, Flaubert pouvait avoir le sentiment de continuer à sa manière l'œuvre de Balzac, son illustre devancier. Comme Balzac s'était fait l'historien des mœurs de sa Touraine natale, il allait être à son tour l'observateur de celles de la Normandie sous la Monarchie de Juillet (1830-1848). Mais un observateur sans complaisance, car sa province est une cible de choix pour ses railleries.

La critique du conformisme

Dans le roman, la province semble vivre à l'ombre de la grande ville, Rouen ou Paris. Dans ces campagnes ennuyeuses et ces « paysages sans caractère », l'imitation est la règle des comportements. Emma est accusée de jouer les « demoiselles de ville » (p. 42), les dames de la noce ont « des robes à la façon de la ville » (p. 52) et M. Homais donne à l'occasion « dans un genre folâtre et parisien qu'il trouvait du meilleur goût » (p. 357). Le ridicule et l'inconvenance de sa conduite lorsqu'il entre majestueusement au Café de Normandie, à Rouen, « sans retirer son chapeau », illustre et dénonce la bêtise du provincial « estimant fort provincial de se découvrir dans un endroit public » (p. 358).

Mais c'est Paris qui est le point de convergence de tous les rêves et la référence la plus prestigieuse. Emma souhaite y vivre, elle est au courant de tout ce qui s'y passe, elle en connaît les bonnes adresses ; en revanche elle ignore tout de Tostes ou d'Yonville. Embellie et grandie dans son imagination, la capitale devient mythique, l'espace de « ses assouvissements imaginaires ». Malheureusement, la naïveté et l'extrême pauvreté de l'image qu'elle s'en fait porte à rire. La dérision éclate dans ces tableaux du « monde des ambassadeurs », de « la société des duchesses », de « la foule bigarrée des gens de lettres et des actrices » (p. 93) à quoi se réduit Paris pour Emma Bovary. Mais une seule phrase : « Cela se fait à Paris » constituera pour elle « l'irrésistible argument » qui la décidera à monter dans le fiacre, pour céder à Léon (p. 315).

Pour les hommes, la capitale est le paradis de tous les plaisirs. Léon y perçoit « la fanfare de ses bals masqués avec le rire de ses grisettes » (p. 165), tout comme Homais qui énumère « les parties fines chez le traiteur ! les bals masqués ! le champagne ! » (p. 169). L'identité des évocations dévoile le stéréotype. L'apothicaire, du reste, ne prêche-t-il pas le conformisme sous le prétexte paradoxal de s'affranchir des préjugés : « il lui faudra pourtant suivre les autres, au risque de passer pour un jésuite » (p. 169).

Car le conformisme domine dans la société qu'évoque Flaubert, et à tous les niveaux. Si bien qu'au sein d'une communauté ou d'une classe, tous les individus finissent par se ressembler. La formule est presque la même pour caractériser un groupe d'une quinzaine d'aristocrates : « un air de famille » (p. 84), et les bourgeois aux Comices : « Tous ces gens-là se ressemblaient » (p. 193).

La caricature des ridicules

Paysans et bourgeois surtout font les frais de la satire des personnes. Sans indulgence pour la gaucherie et les manières rustiques des paysans, Flaubert se plaît à isoler cruellement, dans le tableau de la noce, les figures des gamins « incommodés par leurs habits neufs » (p. 52), quelque grande fillette « rougeaude, ahurie » (p. 53), ou telle jeune paysanne qui « saluait, rougissait, ne savait que répondre » (p. 54). Il évoque par des images cocasses l'inélégance d'un vêtement : « habits-vestes très courts, ayant dans le dos deux boutons rapprochés comme une paire d'yeux, et dont les pans semblaient avoir été coupés à même un seul bloc, par la hache du charpentier » (p. 53).

Mais c'est au chapitre des Comices que le sens de la description caricaturale éclate. Quelques-uns des personnages du roman y apparaissent comme autant de pantins ridicules. C'est Binet, sanglé dans sa tunique, marchant d'un pas raide, comme une mécanique (p. 183), ou Lestiboudois disparaissant derrière un échafaudage de chaises qu'il transporte et si surchargé « que l'on apercevait seulement la pointe de ses sabots, avec le bout de ses deux bras, écartés droit » (p. 191), ou bien encore le fils Tuvache aveuglé par son casque trop large et transpirant avec « une expression de jouissance, d'accablement et de sommeil » (p. 199). Quant à l'arrivée du conseiller de préfecture, elle a les allures d'une scène de farce. Flaubert n'hésite pas à forcer le trait pour le portrait physique, parfaitement grotesque, du conseiller : « chauve sur le front, portant toupet à l'occiput, ayant le teint blafard et l'apparence des plus bénignes. Ses deux yeux, fort gros et couverts de paupières épaisses, se fermaient à demi pour considérer la multitude, en même temps qu'il levait son nez pointu et faisait sourire sa bouche rentrée » (p. 193). Le face à face avec le maire est d'un comique achevé, avec ces paroles bégayées, ces salutations réitérées, ces protestations de dévouement à répétition, tout cet embarras qui fige les deux hommes avec « leurs fronts se touchant presque », toute cette « mécanique plaquée sur du vivant » où le philosophe Bergson voyait la plus sûre recette du rire[1].

■■■■ ÉCHEC ET DÉSILLUSION

Le thème de l'échec sous-tend le roman tout entier. Charles Bovary offre dès les premières pages l'image la plus désolante de la médiocrité et de l'échec. En dépit des vœux de sa mère qui avait reporté sur lui « toutes ses vanités éparses, brisées » (p. 28), et malgré l'énergie qu'elle déploie à sa place pour le faire accéder à une « haute position », il n'est reçu qu'à grand peine à l'examen d'officier de santé.

---

1. Voir *Le Rire*, de Bergson.

Encore sa vie professionnelle est-elle bien pitoyable et la désastreuse opération du pied-bot effectuée sur Hippolyte expose aux yeux de tous son incapacité. Quant à sa vie conjugale, elle se solde elle aussi par une faillite. Il n'aimait pas sa première épouse, laide et autoritaire. La seconde, qu'il chérit, le méprise et le trompe effrontément. Pour finir, ses rêveries tendres de père attentif qui envisageait pour sa fille la meilleure éducation et un beau mariage trouveront un cruel démenti. À la dernière page du livre, on apprend que Berthe, orpheline, a été placée « pour gagner sa vie, dans une filature de coton ».

Emma, elle, est en grande partie responsable de son propre malheur et de sa déchéance. N'oublions pas cependant, à sa décharge, qu'elle a été privée très tôt d'une mère par qui elle eût peut-être été mieux guidée qu'elle ne le fut à la pension. Avec le mariage s'évanouissent ses rêves de vie élégante et d'ascension sociale. Si encore elle avait pu trouver autour d'elle, dans ses épreuves, le secours d'une foi vive ou d'une amitié agissante ! Mais ni le curé Bournisien — exceptionnellement borné —, ni ses voisines, les braves Mmes Homais et Tuvache — si parfaitement nulles —, ne peuvent lui offrir le moindre appui. Même la maternité a été pour la jeune femme une source de désillusion. Elle souhaitait avoir un fils « comme la revanche en espoir de toutes ses impuissances passées » (p. 130). Moins heureuse que sa belle-mère sur ce point, cette satisfaction lui est refusée : c'est une fille qu'elle met au monde.

La chute de Charles et d'Emma reproduit, mais en plus grave, la faillite de leurs parents. Monsieur Bovary père avait échoué, tant dans l'industrie que dans l'agriculture. Le père Rouault, apprenons-nous, dépense beaucoup, a des dettes, perd de l'argent tous les ans et finit par devenir paralysé. Le monde de notre roman est un monde voué à la défaite et à la ruine, où les protagonistes de l'intrigue n'ont aucune prise sur leur destin. Ni Charles ni Emma ne sont de ces héros volontaires et conquérants, comme l'étaient certains héros du romantisme (pensons au Julien Sorel du *Rouge et le Noir* ou au Rastignac du *Père Goriot*). Ils sont bien représentatifs d'une époque où l'individu commence à s'effacer derrière la masse, dépassé par les mouvements d'une société dont les ressorts lui échappent.

▰▰▰ L'ENNUI

En 1839, Lamartine déclarait : « La France est une nation qui s'ennuie ». Né de la déception de générations qui, d'abord ont eu le sentiment que la Révolution de 1789 avait été trahie, puis que celle de 1830 n'apportait aucun espoir de changement, l'ennui s'est manifesté comme un véritable mal du siècle dès la chute de Napoléon Ier. Les régimes qui avaient succédé au Premier Empire s'étaient montrés incapables de répondre aux aspirations de ceux à qui le dynamisme économique et industriel du pays aurait pu offrir des raisons d'agir et de construire un autre monde. L'ennui fut le fruit empoisonné de ces élans brisés, de ces insatisfactions, de ce sentiment d'impuissance devant le triomphe de l'immobilisme et du conformisme.

Par son tempérament, Flaubert se trouvait en harmonie avec ce mal du siècle. Hanté par l'horreur de la vie et l'obsession de la désintégration, il n'a cessé, dès son jeune âge, de confesser un profond ennui. Une de ses lettres à Louise Colet est particulièrement éloquente à cet égard : « Je suis né ennuyé ; c'est la lèpre qui me ronge. Je m'ennuie de la vie, de moi, des autres, de tout. À force de volonté, j'ai fini par prendre l'habitude du travail ; mais quand je l'ai interrompu, tout mon embêtement revient à fleur d'eau, comme une charogne boursouflée étalant son ventre vert et empestant l'air qu'on respire. » (lettre du 2 décembre 1846).

Emma incarne avec une force particulière à la fois la défaite d'une époque et les hantises du romancier. Tout, en elle et autour d'elle est ennui. Sa vie conjugale est placée sous le signe de la solitude et de l'habitude : « La passion de Charles n'avait plus rien d'exorbitant. Ses expansions étaient devenues régulières ; il l'embrassait à de certaines heures. C'était une habitude parmi les autres, et comme un dessert prévu d'avance, après la monotonie du dîner » (p. 75). Rien de nouveau dans l'existence, les journées à Tostes se suivent et se ressemblent toutes : « Elles allaient donc maintenant se suivre ainsi à la file, toujours pareilles, innombrables, et n'apportant rien ! » (p. 98). Le dimanche ce sont toujours les mêmes hommes qui jouent au bouchon devant la porte de l'auberge (p. 99) et, « tous les jours, à la même heure » ce sont les mêmes personnages falots — maître d'école, garde-champêtre, perruquier — qui s'imposent à sa vue (p. 100).

Les gens qui entourent Emma sont aussi ennuyeux que la campagne et les lieux où ils vivent. À Yonville, Mme Homais est « ennuyeuse à écouter », d'aspect « commun », de « conversation [...] restreinte », et les Tuvache sont « obtus » (p. 139). Le curé n'entend rien aux choses de l'esprit et du cœur. Quant à Homais, il n'accorde jamais d'attention qu'à lui-même. Ceux avec qui Emma pourrait converser s'ennuient autant qu'elle : « Comme je m'ennuie ! [...] comme je m'ennuie ! » se dit Léon à la Pâture (p. 138). Elle est prise au piège, sans autre possibilité d'évasion que la fuite, l'adultère, ou la mort. Rodolphe l'a compris : « Et on s'ennuie [...] Pauvre petite femme ! Ça bâille après l'amour, comme une carpe après l'eau sur une table de cuisine. » (p. 180).

L'ennui l'écrase, moralement et physiquement : elle « sentait l'ennui plus lourd qui retombait sur elle » (p. 99). Flaubert multiplie les termes qui évoquent le malaise : « hébétement » (p. 98), « bouffées d'affadissement » (p. 101), « torpeurs » (p. 103). L'ennui est ressenti comme une immense lassitude, une « douleur », mais en même temps on dirait que le retour des déceptions et le repli sur soi émoussent jusqu'à la pointe des sentiments forts par lesquels elle pourrait se sentir vraiment exister : « elle avait une mélancolie morne, un désespoir engourdi » (p. 172).

Curieusement, Baudelaire et Flaubert se rejoignent pour proposer de l'ennui, à la même date, une métaphore semblable. Le poète qui dans *Spleen* (LXXVIII) évoque « l'esprit gémissant en proie aux longs ennuis » esquisse un tableau de sa réclusion quand la pluie,

> D'une vaste prison imite les barreaux,
> Et qu'un peuple muet d'infâmes araignées
> Vient tendre ses filets au fond de nos cerveaux. (v. 10-12)

Le romancier, lui, au moment où Emma regrette de s'être mariée remarque : « Mais elle, sa vie était froide comme un grenier dont la lucarne est au Nord, et l'ennui, araignée silencieuse, filait sa toile dans l'ombre à tous les coins de son cœur » (p. 76). Est-ce un hasard si, plus tard, au comble de l'angoisse, Emma voit ou croit voir, au plafond de la mère Rollet « une longue araignée qui marchait au-dessus de sa tête, dans la fente de la poutrelle » ? (p. 391). L'araignée métaphorique, en tout cas se retrouve, multipliée, sur le cadavre d'Emma : « ses yeux commençaient à disparaître dans une pâleur visqueuse qui ressemblait à une toile mince, comme si des araignées avaient filé dessus. Le drap se creusait depuis ses seins jusqu'à ses genoux, se relevant ensuite à la pointe des orteils ; et il semblait à Charles que des masses infinies, qu'un poids énorme pesait sur elle. » (p. 417-418).

De son cœur à son cerveau, l'ennui, finalement, aura eu raison d'elle, et il n'aura cessé de peser sur elle.

■■■ L'ADIEU AU ROMANTISME

Les railleries de Flaubert n'épargnent pas le Romantisme. La mise en cause de ce mouvement et de l'esprit qui l'animait s'exerce surtout dans le roman — mais pas exclusivement — à travers Emma Bovary. De tous les personnages, c'est elle qui s'en est le plus imprégnée. Ses lectures du couvent l'ont menée de « la lamentation sonore des mélancolies romantiques » (p. 65) orchestrée par Chateaubriand aux « méandres lamartiniens » (p. 68) en passant par les romans historiques de Walter Scott (p. 66). Mais cette fille de paysans a l'esprit trop positif pour s'attacher longtemps au lyrisme. Si bien que chez elle tous les thèmes du Romantisme se dégradent dans une accumulation de rêveries et de visions hétéroclites dont les pages 66 et 67 offrent un échantillon comique. De même ses conversations avec Léon ressemblent à un catalogue de lieux communs.

Les souvenirs de couvent d'Emma orientent sa vie de toutes les manières, mais les circonstances où ils reparaissent les frappent de ridicule en dénonçant l'incongruité des rapports qu'elle veut instituer entre livres et gravures et la vie quotidienne. Elle a une levrette d'Italie (p. 75), qu'elle a le malheur de perdre en arrivant à Yonville, tout comme les jeunes filles des gravures romantiques se faisaient accompagner d'un lévrier (p. 67). Les mêmes gravures lui ont présenté l'image de « postillons en culottes blanches » (p. 67) dont le garçon de la poste à Tostes ne peut lui offrir ironiquement qu'un reflet dérisoire : « C'était là le groom en culotte courte dont il fallait se contenter ! » (p. 94). Quant à l'habitude qu'a Emma de s'accouder à sa fenêtre (p. 177), ne répond-elle pas à celle des châtelaines de ses lectures de Walter Scott qui « passaient leurs jours, le coude sur la pierre et le menton dans la main, à regarder venir du fond de la campagne un cavalier à plume blanche qui galope sur un cheval noir » ? (p. 66). Mais, pour elle, ce beau cavalier ne sera qu'un Rodolphe Boulanger en redingote, prêt à lui débiter pour la séduire les clichés les plus usés d'un romantisme de pacotille : destin solitaire et douloureux des âmes sensibles, fatalité de l'amour, droits éminents de la passion...

Une scène parmi d'autres nous permettra de saisir les procédés et les enjeux de la satire du Romantisme, celle de la promenade en barque sur la Seine, au début du chapitre 3 de la troisième partie (p. 331). Les vers de Lamartine chantés par Emma (p. 332) doivent nous inciter à rapprocher le texte du roman de celui du poème, et à comparer la situation des amants romantiques à celle d'Emma et de Léon. Quelle différence entre l'idyllique paysage de montagne du Lac du Bourget et le paysage urbain de la Seine à Rouen ! Aux « parfums légers », à « l'air embaumé » du poème se substitue dans le roman « la fumée du goudron » (p. 331), aux « molles clartés » de la lune qui blanchit la surface du lac, les « larges gouttes grasses » qui flottent sur le fleuve, au silence de la nature, le « maillet des calfats » et le « battement de métronome » des avirons.

La dégradation est aussi grande pour l'environnement humain. Les discrets rameurs lamartiniens sont remplacés chez Flaubert par un batelier qui n'a vraiment rien de poétique, ni dans son langage, plutôt vulgaire, ni dans ses manières : il crache dans ses mains avant de reprendre les avirons ! (p. 333). Ce qu'il dit de ses clients précédents n'est pas plus édifiant : « un tas de farceurs », bien décidés à s'amuser bruyamment, à l'opposé assurément du couple d'amants du *Lac* comme d'Emma et Léon, leurs pâles imitateurs. On dirait que le romancier n'a fait allusion au poème de Lamartine que pour s'en moquer en transposant ses personnages dans un décor pollué et un monde grossier afin d'en faire le cible d'une parodie burlesque. Alors, dans un tel contexte, l'élan lyrique vers le bonheur, si bien exprimé par le poème des *Méditations poétiques* paraît ridicule et déplacé.

Mais on peut se demander si Flaubert ne dénonce pas aussi, ce faisant, les souillures mêmes du monde moderne qu'il oppose à l'idéal romantique. Ne donnerait-il pas raison, en fin de compte, à son héroïne, toujours prête à croire qu' « [il fallait] à l'amour, comme aux plantes indiennes, des terrains préparés, une température particulière » ? (p. 93-94). L'ambiguïté sur ce point ne fait peut-être que trahir cette double nature que Flaubert se reconnaissait, l'une éprise « de gueulades, de lyrisme, de grands vols d'aigles », l'autre « qui fouille et creuse le vrai tant qu'il peut » (*Corr.*, 16 janv. 1852). En s'en prenant au Romantisme, Flaubert, en fait, brûlait un peu de ce qu'il avait adoré dans sa jeunesse : « J'ignore quels étaient les rêves des collégiens, mais les nôtres étaient superbes d'extravagance — expansions dernières du romantisme arrivant jusqu'à nous, et qui, comprimés par le milieu provincial, faisaient dans nos cervelles d'étranges bouillonnements » (Préface aux *Dernières chansons* de Louis Bouilhet, 1872).

5 Structure et temporalité

■■■■■ CHRONOLOGIE DU ROMAN

Deux dates seulement sont mentionnées dans *Madame Bovary* : 1812, année où M. Bovary père s'est marié (p. 26) et 1835, année jusqu'à laquelle « il n'y avait point de route praticable pour arriver jusqu'à Yonville » (p. 108). L'action du roman se déroule entre 1835 et 1848, mais rien ne précise à quelle date. Ni la Révolution de 1830 ni celle de 1848 ne sont évoquées. Curieusement, la grande Histoire est bannie du livre.

Nous disposons cependant d'un indice pour fixer la date d'un des événements du roman. À la page 260 en effet, la fuite d'Emma et de Rodolphe est décidée pour le 4 septembre, « un lundi ». Or l'année où le 4 septembre tombe un lundi à cette période est 1843. À partir de là, une chronologie peut se mettre en place.

1828- Charles Bovary fait ses études au Collège de Rouen.
1831 Il a une quinzaine d'années environ à son arrivée au collège.

1831- Il étudie en vue de devenir officier de santé.
1835

1835 Il s'installe à Tostes et il épouse la veuve Héloïse Dubuc (hiver).

1837 7 janvier, « le lendemain des Rois » (p. 35) : première visite de Charles aux Bertaux pour soigner le père Rouault.
« Au commencement du printemps » (p. 43-44) : mort d'Héloïse.
Fin juillet (?) : Charles retourne aux Bertaux.
Fin septembre, « à l'époque de la Saint Michel » (p. 150) : Charles demande Emma en mariage.

1838 « Vers le printemps » (p. 51) : noces de Charles et d'Emma.

44

« Vers la fin de septembre » (p. 77) : bal à la Vaubyessard.

1839 Emma s'ennuie à Tostes.

1840 Hiver : Charles cherche à quitter Tostes.

1841 « Au mois de mars » (p. 104) : arrivée à Yonville du couple Bovary.
Fin mai-début juin (?) : naissance de Berthe.
Juillet (?) : Emma et Léon chez la nourrice.

1842 « Un dimanche de février » (p. 145) : promenade à la filature.
« Au commencement d'avril » (p. 156) : Emma rend visite au curé. Départ de Léon.
Juillet (?) : première rencontre d'Emma et de Rodolphe.
Août : les Comices à Yonville.
Fin septembre (« Six semaines s'écoulèrent », p. 210) : Rodolphe reparaît.
« Aux premiers jours d'octobre » (p. 214) : Emma devient la maîtresse de Rodolphe.

1843 Avril-mai (?) : opération du pied-bot.
Lundi 4 septembre : fuite de Rodolphe. Maladie d'Emma. Convalescence à partir du « milieu d'octobre » (p. 275).

1844 Représentation à Rouen de *Lucie de Lammermoor*. Emma devient la maîtresse de Léon.
« Vers le commencement de l'hiver » (p. 337) : Emma obtient de son mari la permission de se rendre à Rouen chaque jeudi.

1845 Embarras d'argent du ménage Bovary.
Septembre (?) : Emma aux abois réclame l'aide de Lheureux.

1846 19 mars : Emma passe la nuit à Rouen, au bal de la mi-carême.
20 mars : annonce de la saisie de ses biens.
21 mars : inventaire des biens.
22 mars : Emma voit Léon pour la dernière fois, à Rouen.

23 mars : Emma chez Guillaumin (9 heures), chez Binet, puis chez la nourrice (2 heures), chez Rodolphe (3 heures), puis chez Homais où elle s'empoisonne.
24 mars : mort de Madame Bovary.
26 mars : enterrement.

1847 Pentecôte : mariage de Léon, notaire à Yvetot.
Août (?) : mort de Charles.

1856 Berthe Bovary travaille dans une filature de coton.
Homais vient de recevoir la « croix d'honneur ».
Flaubert publie *Madame Bovary*.

Il est toujours utile d'établir la chronologie d'un roman, ne serait-ce que pour essayer de situer clairement dans le temps les événements. Mais cela ne va pas toujours sans difficultés : la chronologie de *Madame Bovary* présente bien des incertitudes et des incohérences. Comment mesurer correctement, par exemple, le temps qui s'est écoulé entre l'anniversaire du bal à la Vaubyessard et le départ de Tostes, ou entre la mort d'Emma et celle de son mari ? À la page 46 nous lisons que Charles est retourné aux Bertaux et qu'il a retrouvé tout, « comme la veille », « comme il y avait cinq mois, c'est-à-dire ». Que ce soit cinq mois après la première visite (en janvier) ou après la guérison du père Rouault (en février), la mention des poiriers en fleurs est invraisemblable. De même il est difficile d'admettre que la fille d'Emma soit née en juin ou juillet alors que la fin de la première partie suggère une grossesse encore toute récente en mars (p. 104). Il faut bien s'y résoudre, pourtant, puisque la visite à la nourrice, moins de six semaines après la naissance (p. 133) a lieu « dans la saison chaude » (p. 137).

Ces flottements et ces incohérences, que nous ne découvrons à vrai dire qu'à l'étude attentive de la temporalité, ont le mérite d'attirer notre attention sur les méthodes de travail de Flaubert, et finalement sur son art. On sait qu'il a composé son roman à partir des scènes, qu'il situait d'emblée à certaines saisons. D'où ces erreurs qu'il a négligé de corriger, moins soucieux de respecter les exigences du calendrier que de choisir un éclairage et un climat, et de suggérer des durées et des rythmes.

■■■ LE RYTHME NARRATIF

Le récit de la vie d'Emma entre sa première rencontre avec Charles Bovary en janvier 1837 et sa mort en mars 1843 est encadré par deux chapitres. Le premier couvre 9 ans de la vie de Charles, le dernier la dizaine d'années qui sépare le décès de l'héroïne du moment où Homais reçoit la croix, et où le romancier achève son œuvre. Si les trois périodes successivement évoquées ont une durée à peu près égale, il s'en faut de beaucoup que le récit leur accorde la même importance : 400 pages (33 chapitres) pour la période centrale, une dizaine de pages pour la première et pour la dernière. C'est dire que si l'histoire de Charles précède et suit la sienne, c'est bien Emma qui est le sujet du livre. Ces considérations nous amènent à introduire la notion de *vitesse* du récit, que Gérard Genette définit comme le rapport entre la durée de l'histoire et la longueur du texte qui la raconte[1]. On vérifiera facilement, sur de nombreux exemples, que ce rapport est très variable dans *Madame Bovary* : les 24 heures de la noce occupent 7 pages (p. 52-58), autant que les 6 mois qui suivent cet événement (p. 71-78). Il ne faut pas moins de 7 pages pour évoquer le dîner au *Lion d'Or*, qui dure 2 heures et demie (p. 119 à 125), tandis qu'une année de l'existence d'Emma à Yonville ne tient qu'en une trentaine de pages. Ces variations — ralentissements, accélérations du récit — impriment au roman son rythme expressif.

---

1. G. Genette. « Discours du récit », in *Figures III*, Le Seuil, 1970.

6 La question du point de vue

Une question doit se poser à tout lecteur : qui, dans le roman, perçoit les choses, les situations, les personnages, décrits par le romancier ? Le chapitre 8 de la première partie de *Madame Bovary* présente une réception et un bal au château de la Vaubyessard. Le bruit des pas et des voix retentissent dans le vestibule (p. 79), des hommes jouent au billard, des tableaux sont exposés, des tables sont dressées pour le souper (p. 81-82), les fleurs et les nourritures exhalent leurs odeurs (p. 81), on boit du « vin de Champagne à la glace » (p. 82). Par qui tout cela est-il entendu, vu, respiré, goûté, senti ? Où est le centre, le *foyer* de toutes ces perceptions ? La réponse ici est simple : c'est l'héroïne qui éprouve toutes ces sensations, et le réel qui les produit est évoqué à travers elle. On parle de *focalisation* ou de *point de vue* à propos de ces mises en perspective. Selon les situations on distingue trois types de points de vue.

▰▰▰ LE POINT DE VUE DU NARRATEUR « OMNISCIENT »

Dans ce cas le narrateur a une vue d'ensemble de l'espace, du temps et de l'action, plus large et plus complète qu'aucun des personnages. La présentation d'Yonville, au premier chapitre de la deuxième partie, est élaborée selon ce mode narratif. Après avoir situé le village entre Abbeville et Beauvais, et aux confins de trois provinces, le récit ne laisse rien ignorer de son histoire, de ses édifices, de la nature des terrains et des eaux, de la qualité des cultures ou des habitudes des habitants. Le narrateur se plaçant dans une période postérieure à l'action est même en mesure d'annoncer à l'avance que rien n'a changé « depuis les événements que l'on va raconter » (p. 111). Le narrateur *sait tout*. Il connaît tout de l'avenir comme du passé ou du présent du village. Il est, comme on dit *omniscient*. C'était là le point de vue souvent adopté par Balzac. Flaubert, lui, en use assez rarement.

▬▬▬ LE POINT DE VUE EXTERNE

On ne montre des êtres et des choses que l'aspect extérieur : des gestes, des attitudes, une présence, sans explications, comme si le narrateur ne connaissait rien ou refusait de dire ce qu'il sait. De rares et brefs passages de notre roman offrent des exemples de ce type de point de vue. C'est ainsi qu'Homais nous apparaît d'abord : « Un homme en pantoufles de peau verte, quelque peu marqué de petite vérole et coiffé d'un bonnet de velours à gland d'or, se chauffait le dos contre la cheminée. Sa figure n'exprimait rien que... » (p. 112). Le curé est présenté de la même façon : « Un homme vêtu de noir entra tout à coup dans la cuisine. On distinguait, aux dernières lueurs du crépuscule, qu'il avait la figure rubiconde et le corps athlétique » (p. 115).

Cette présentation n'est pas neutre, elle implique déjà un jugement sur les personnages. Certes l'identité de l'un et de l'autre est assez rapidement révélée, par une formule du narrateur : « C'était le pharmacien », ou par les paroles de l'aubergiste : « Qu'y a-t-il pour votre service, monsieur le curé ? ». Mais il aura suffi qu'on nous montre d'abord, anonymement et du dehors, Homais et Bournisien, pour que l'image s'impose à nous de personnages dont la personnalité se réduit à l'apparence, à une enveloppe matérielle sans intériorité.

▬▬▬ LE POINT DE VUE SUBJECTIF

Dans ce cas le foyer de la perception coïncide avec le regard et la conscience d'un personnage. Le narrateur, alors, peut évoquer tout ce que ce personnage perçoit et ressent, mais il ne peut, en principe, rien dire de plus. L'épisode de la Vaubyessard, rappelé plus haut en est un bon témoignage. Le roman offre un grand nombre d'exemples de ce mode narratif, car une des caractéristiques de la description et du récit chez Flaubert est leur focalisation selon le point de vue d'un personnage, représenté ou non dans la fiction. Il peut arriver en effet que le point de vue ne soit pas celui d'un personnage de l'intrigue, mais celui d'un observateur indéterminé qui se dissimule derrière des pronoms indéfinis ou des tournures impersonnelles. Au début du chapitre de la noce « on entendait des coups de fouet derrière la haie » (p. 52) ; au début des Comices « on voyait alternativement passer... » (p. 183), « on lisait... » (p. 184).

Cette focalisation est variable, c'est-à-dire que le foyer de perception peut se déplacer d'un personnage à un autre, parfois à l'intérieur d'une même scène. Ainsi, au début du chapitre des Comices, Emma Bovary est d'abord vue, *de loin* (p. 187) par la mère Lefrançois qui la désigne à Homais « au bras de M. Boulanger », « sous les halles », avec « un chapeau vert ». Un peu après (p. 187-188), changement de perspective : l'héroïne nous est montrée *de très près*, à travers le regard de Rodolphe. Le déplacement, la *modulation* du point de vue est ici l'instrument du grossissement de l'objet et du rétrécissement du champ de la vision par le passage d'un *plan général* à un *très gros plan* sur Emma, qui permet de mentionner jusqu'à la couleur rose qui « traversait la cloison de son nez ». Une autre occurrence de ces modulations qu'on est tenté de rapprocher, comme nous venons de le faire, des mouvements de caméra dans l'art du cinéma, est offert par la scène de l'enterrement d'Emma, au chapitre 10 de la troisième partie. La cérémonie funèbre à l'église est perçue par le père Rouault et par Charles, par Charles surtout, comme pour nous en faire ressentir, de l'intérieur, la lenteur et la cruauté (p. 426). Mais le point de vue se déplace pour la sortie de l'église : « On se tenait aux fenêtres pour voir passer le cortège » (p. 427). Charles n'est plus alors que l'objet de la curiosité des Yonvillois, l'élément d'un spectacle : « Charles, en avant, se cambrait la taille. Il affectait un air brave... ». Mais très vite il reprend sa fonction de foyer perceptif, pour l'évocation de la descente au cimetière : « Charles se sentait défaillir [...] sous ces odeurs affadissantes [...]. Charles, en passant, reconnaissait les cours... ». De nouveau les choses sont perçues à travers le désarroi d'une conscience et les tourments d'une sensibilité que tout blesse.

7 Les descriptions

Nous distinguerons deux types de descriptions selon leurs fonctions et surtout selon la part plus ou moins grande qu'y occupe la subjectivité du personnage à travers qui êtres et objets sont perçus.

■■ LA DESCRIPTION REPRÉSENTATIVE

Elle vise surtout à situer les protagonistes de l'action dans leur milieu social et leur cadre historique. Nous avons vu plus haut la fonction réaliste et satirique des portraits des paysans de la noce et des Comices. Certains décors ne sont pas moins révélateurs. En témoigne la description de la ferme des Bertaux. Celle-ci, dès l'abord (p. 37) donne une impression d'aisance matérielle, que des adjectifs, banals en eux-mêmes, soulignent par leur convergence : les chevaux sont « gros », les rateliers « neufs », le fumier « large », la bergerie « longue », la grange « haute », les charrettes « grandes », les équipages « complets ». Les chiffres pairs, deux charrettes, quatre charrues, cinq ou six paons, marquent l'ordre et l'équilibre, renforcés par l'adverbe « symétriquement ». Dans la salle (p. 39) ce qui frappe d'abord le regard, ce sont les couverts et les timbales d'argent, puis le « grand » lit recouvert d'indienne, et la « haute » armoire, qu'on sent pleine et qui dégage une odeur agréable. Les sacs de blé révèlent encore la richesse, et non le désordre : ils constituent le « trop plein » du grenier et sont bien rangés dans les angles.

La description de la ferme permet au narrateur de poursuivre indirectement le portrait de l'héroïne et de son père : la touchante dédicace en lettres gothiques — « À mon cher papa » — qui figure dans la salle du rez-de-chaussée (p. 39) témoigne en particulier de l'affection d'Emma pour son père. A travers la description des lieux, Flaubert laisse deviner quelque chose du passé récent de l'héroïne : ses études, l'absence d'une mère ; et dans la volonté d'orner un décor assez banal mais non dépourvu de dignité, il suggère un peu des rêves d'élégance d'Emma Rouault.

Ainsi Flaubert suggère des liens multiples entre le personnage et son décor retenant bien en cela la leçon de Balzac. Mais il va plus loin, par la description expressive.

■■■■ LA DESCRIPTION EXPRESSIVE

Dans ce cas la description est déterminée par la psychologie du personnage à travers le regard de qui tout est perçu. Flaubert en tire des effets remarquables. Il n'hésite pas, par exemple, à décrire plusieurs fois le même lieu, vu par des personnages différents, dans des circonstances différentes. Ainsi le village d'Yonville est-il contemplé de haut, à des moments importants de leur vie par Emma, par Léon, et par le père Rouault. À la page 214, Emma part pour sa promenade à cheval avec Rodolphe. Elle s'est abandonnée, déjà, à « la cadence du mouvement qui la berçait sur la selle » et quand elle se retourne, toute la vallée à ses pieds s'estompe dans le brouillard. Par moments elle peut distinguer des détails, elle cherche à reconnaître sa maison, puis elle songe que « jamais ce pauvre village [...] ne lui avait semblé si petit ». Alors le paysage se transfigure, sous l'action des nuées qui donnent à la vallée l'aspect d'un « immense lac pâle ». Mais l'image est trop proche des rêveries vagues de la jeune femme pour ne pas révéler son désir de substituer à la triste réalité qu'elle vient de quitter l'univers de ses rêves bleus.

Tout autre est Yonville revu par Léon après son séjour à Paris et en possession d'une belle maîtresse. En lui se mêlent « vanité » et « attendrissement égoïste » mais sans doute n'éprouve-t-il aucune joie à revoir le village où il s'est tant ennuyé. Ce sont ces sentiments-là que trahit la vision étriquée et banale que le jeune clerc en a : « Lorsque, du haut de la côte, il aperçut dans la vallée le clocher de l'église avec son drapeau de fer-blanc qui tournait au vent, il sentit cette délectation mêlée de vanité triomphante... » (p. 334).

Quant au père Rouault, Yonville lui offre, dans le contre-jour du soir, l'image d' « un enclos de murs où des arbres, çà et là, faisaient des bouquets noirs entre des pierres blan-ches » (p. 430). Il avait rencontré en venant, sur son chemin, « trois poules noires qui dormaient dans un arbre » (p. 424), il a vu lors de l'enterrement « le drap noir, semé de larmes blanches » (p. 428). Les couleurs funèbres continuent de s'imposer à son regard et commandent sa vision même. Il ne pouvait voir à l'horizon que ce blanc et ce noir, et cet enclos où il cherchait peut-être le cimetière où sa fille reposait.

Ainsi, à la présentation assez neutre d'Yonville faite au début de la deuxième partie par le narrateur, s'opposent ces visions très variées des personnages. L'image du village s'en trouve enrichie. Mais la modulation des points de vue révèle aussi l'écart entre le réel et sa perception, comme si Flau-bert avait voulu suggérer la difficulté, voire l'impossibilité, d'une représentation objective de la réalité.

Sans démentir cette impression, la présentation d'un lieu vu par le même personnage, mais à des moments différents de son histoire, produit des effets également remarquables. C'est ainsi que le jardin de Tostes nous est décrit deux fois à travers le regard d'Emma Bovary, d'abord à la page 60, puis à la page 99. D'un texte à l'autre, l'image du « grand serpent malade » s'est substituée à celle des fruits, la statuette du curé en tricorne a perdu son pied droit et son plâtre s'est écaillé. À quoi tient cette dégradation ? Au changement de saison sans doute : l'hiver a remplacé les beaux jours et le gel a accompli son œuvre. À l'action du temps et de la durée, aussi : plus d'un an s'est écoulé entre la première prome-nade d'Emma dans son jardin et celle de la page 99. Ainsi, dans la mesure où elle montre les étapes d'une transforma-tion progressive, la description, loin d'entrer en conflit avec le récit qu'elle pourrait ralentir, s'y intègre et le sert.

Mais surtout elle apporte un puissant soutien à l'analyse psychologique. Car une correspondance étroite s'établit entre les sentiments de l'héroïne et la représentation de l'espace qu'elle a sous les yeux. Le sommeil des choses (« Tout sem-blait dormir »), les cloportes qui se traînent, la statue abîmée, tout se métamorphose en son équivalent subjectif : les déceptions, les découragements, l'interminable ennui. À la dégradation du monde des objets correspond la dégradation psychologique et psychique d'Emma. Comme très souvent dans *Madame Bovary*, la description est subordonnée à l'analyse des sentiments dont elle offre la métaphore.

Il arrive enfin que la description se substitue aux conversations rapportées des personnages, ou soit plus importante que leurs paroles, parce que ceux-ci — trop maladroits ou trop émus — ne trouvent pas, ou ne songent pas à chercher, les mots pour dire les sentiments qui les agitent. À la page 41, le dialogue entre Emma et Charles s'interrompt : « On s'était dit adieu, on ne parlait plus ». Dans le silence qui s'établit, c'est la description d'Emma sous son ombrelle qui dit seule la fascination de Charles, son absorption par la vue de la jeune fille qu'il contemple. De même, dans la belle scène de la promenade de Léon et d'Emma après la visite à la nourrice, ce qui importe ce n'est pas la conversation entre les personnages (p. 137-138), c'est un insecte à pattes fines qui marche ou qui se pose sur la feuille d'un nénufar, c'est le bruissement de la robe d'Emma, ou une branche de chèvrefeuille ou de clématite qui s'accroche à la frange de l'ombrelle. La nature est l'expression de l'amour naissant. Dans ces moments de grâce intemporelle, la description prend le pas sur le récit.

■■■■ LUMIÈRES ET COULEURS

Flaubert ne manque jamais d'indiquer la manière dont les objets et les êtres qu'il décrit sont éclairés. Que la lumière soit naturelle ou artificielle, il se plaît à l'évoquer dans la variété de ses effets, à toutes les saisons et à tous les moments de la journée, avec peut-être une prédilection pour les clairs-obscurs dans les grandes scènes. On remarquera en effet ces jeux d'ombre et de lumière aussi bien au château de la Vaubyessard qu'à l'auberge du *Lion d'Or*, à l'église d'Yonville que dans l'appartement de Madame Bovary.

Souvent, dans ces descriptions, la lumière modifie la couleur locale, c'est-à-dire, au sens pictural du terme, la couleur qu'ont les objets indépendamment de leur éclairage. C'est ainsi que le jour *bleuit* les cendres froides (p. 47), *blondit* les joues d'Emma (p. 161), que la lumière des lampes *brunit* les peintures (p. 80), ou que le soleil couchant *pâlit* la soutane noire du curé (p. 158). Même finesse de vision, qui n'est pas sans annoncer l'impressionnisme, à propos des effets de la lumière sur les matières et les surfaces : elle *veloute* la suie (p. 47) ou se brise « en arêtes fines » selon les craquelures du vernis (p. 80).

Parfois d'une pâleur éblouissante, comme dans la scène de la visite à la fabrique (p. 146) où la neige, le givre, la chaux, et jusqu'au teint de Léon composent comme une symphonie triste en blanc, la lumière est volontiers montrée dans ses bigarrures lorsqu'elle traverse une surface colorée. Flaubert se plaît ainsi à montrer l'ombrelle gorge-de-pigeon d'Emma et ses reflets mobiles (p. 41), les vitraux de la cathédrale peignant sur le sol un tapis bariolé (p. 311), ou les rideaux de calicot chocolat de *l'Hirondelle* posant sur les voyageurs des « ombres sanguinolentes » (p. 345).

Dans *Madame Bovary* la lumière et ses reflets sont le plus souvent perçus dans leur mobilité, voire leur dynamisme : la lumière verdâtre du crépuscule fait *scintiller* les paillettes d'or d'un tissu (p. 148), un rayon d'avril *chatoie* sur les porcelaines (p. 231) ou, plus subtil, le soleil pose des *miroitements* à la cassure des pierres grises (p. 310). À cinq reprises au moins, la lumière *tremble*, et dans trois phrases cette lumière tremblante, ou son reflet, se projette au plafond : page 47, « de grandes raies minces [...] tremblaient au plafond » ; page 147 : « la flamme de la cheminée faisait trembler au plafond une clarté joyeuse » ; page 257 : « La veilleuse de porcelaine arrondissait au plafond une clarté tremblante ».

Le vocabulaire est presque le même dans ces trois phrases. La signification est-elle identique ? Bien évidemment non, et il est temps de tenir compte du contexte dans l'analyse de ces jeux de lumières. À la page 147, le tremblement de la flamme accompagne la joie que ressent Emma de se découvrir amoureuse et aimée. À la page 257, au contraire, la clarté tremblante offre la métaphore de l'âme craintive de Charles, qui n' « osait pas » réveiller sa femme et qui, quelques instants plus tard, s'assoupit à ses côtés. De même, si les ombres sont *sanguinolentes* dans *l'Hirondelle*, c'est comme pour dire la détresse d'Emma, « ivre de tristesse », la mort dans l'âme ; tandis que les *miroitements* sur les pierres de la cathédrale s'associent à l'amour, au désir qui bouleversent Léon. Nous retrouvons-là les traits fondamentaux de l'esthétique de Flaubert : le moindre élément déscriptif est étroitement tributaire de la vision et des sentiments d'un personnage, et chaque détail s'intègre à une thématique d'ensemble.

Nous allons le vérifier par l'analyse succincte de deux autres scènes du roman particulièrement significatives à cet égard. Le soir de son arrivée à Yonville, Emma s'approche de la cheminée du *Lion d'Or*, sous le regard de Léon : « Le feu l'éclairait en entier, pénétrant d'une lumière crue la trame de sa robe, les pores égaux de sa peau blanche et même les paupières de ses yeux qu'elle clignait de temps à autre. Une grande couleur rouge passait sur elle » (p. 119).

Ce n'est pas tant, ici, la lumière qui est *crue* que l'attitude même de Léon, qui se comporte comme un voyeur à l'égard de la jeune femme. La lumière, pour lui, est comme l'auxiliaire d'une première prise de possession sensuelle, cette lumière qui *pénètre* la trame de la robe, les paupières, les pores de la peau. Que plus tard, au moment des adieux, Emma se détourne, que l'on ne puisse savoir « ce qu'elle pensait au fond d'elle-même » (p. 167), bref qu'elle oppose à l'interrogation muette de Léon un visage qu'on peut qualifier d'*impénétrable*, et la description soulignera : « la lumière y glissait comme sur un marbre ».

La scène à l'auberge d'Yonville trouve son répondant — et son accomplissement — dans une scène à l'*Hôtel de Boulogne* à Rouen. Emma y est de nouveau l'objet de la contemplation de Léon, dans une chambre douillette où la lumière est « tranquille ». Mais si la cheminée de la chambre n'abrite pas de feu, la « peau blanche » (p. 341) de la jeune femme se détache encore, néanmoins, sur une couleur rouge : non plus celle des flammes agitées par le vent du dehors, comme à Yonville, mais celle des rideaux du lit. De toute évidence la couleur, là encore, est symbolique, comme le mouvement de la lumière. À Rouen, la lumière « tranquille » dit la quiétude de la possession, le rouge la passion amoureuse. De même, la chevauchée avec Rodolphe, à Yonville, après la première étreinte, s'était achevée dans « la rougeur du soir » (p. 218), tout comme la promenade en fiacre avec Léon, à Rouen, avait pris fin sur la vision d' « un champ de trèfles rouges », dans le soleil (p. 317).

8 Les modalités du discours

◼◼◼◼ LES DIALOGUES

Place et importance des dialogues

Par rapport à Balzac ou à Stendhal, Flaubert raréfie l'emploi du dialogue au style direct dans le roman. La place et l'importance du dialogue restent subordonnées chez lui à l'architecture d'ensemble. Il n'hésite pas, au besoin, à remplacer par un passage au style indirect un morceau de dialogue qui n'aurait eu ni le rythme ni les proportions souhaités.

Flaubert réserve le dialogue aux scènes principales lorsqu'il lui paraît apte à caractériser convenablement ses personnages. On a compté 40 % de phrases au style direct dans les chapitres consacrés à l'arrivée des Bovary à Yonville (chapitre 1 et 2, IIᵉ partie), 34 % dans la scène de la cathédrale (chapitre 1, IIIᵉ partie), alors qu'on n'en trouve que 3 % dans la première partie, qui est surtout une préparation à l'action proprement dite, et 2 %, symétriquement, dans le dernier chapitre du livre, tableau de l'échec et de la fin de Charles.

Verbes introducteurs

Le romancier jugeait peu convenable, « très canaille », de remplacer par un tiret, dans un dialogue, les verbes signalant l'intervention des locuteurs. Le refus de cette facilité lui imposa parfois des efforts accrus pour éviter les répétitions (du verbe « dire » notamment) comme dans le dialogue d'Emma avec le curé (p. 158 et suivantes). Dans *Madame Bovary*, Flaubert n'utilise pas moins de 34 verbes introducteurs différents, synonymes du verbe dire, quand Balzac dans *La Cousine Bette* n'en emploie que 12 et Stendhal dans *Le Rouge et le Noir* 10 seulement. Pourtant la répétition des mêmes verbes introducteurs peut conférer à l'échange des répliques un caractère expressif. Le meilleur exemple en est, dans notre roman, aux pages 389-390, où le jeu des « dit Mme Tuvache », « objecta sa voisine », puis « dit Mme Tuvache », « reprit Mme Caron », marque par son mécanisme répétitif et comique le caractère mesquin et banal des propos des deux commères.

Mais la méfiance de Flaubert pour les tirets n'est pas absolue. Que l'échange des paroles se fasse plus vif sous l'empire de quelque sentiment, que les réparties soient plus courtes, et les verbes introducteurs disparaissent :

> — Tu as les passeports ?
> — Oui.
> — Tu n'oublies rien ?
> — Non.
> — Tu en es sûr ?
> — Certainement.   (p. 263 ; voir aussi p. 308-309)

Le ton des dialogues

Un autre problème se posait à Flaubert : « Comment faire du dialogue trivial qui soit bien écrit ? » (lettre du 13 septembre 1852). Les personnages sont des paysans ou des « gens du dernier commun ». S'il leur attribuait un style académique, il s'éloignerait de la réalité et risquerait de manquer une des qualités maîtresse à ses yeux d'un dialogue : la caractère. Si, au contraire, il transcrivait leurs discours tels qu'il est censé les entendre, il obtiendrait une langue vraie et pittoresque, mais triviale et incorrecte qui jurerait avec le tissu tellement soigné du style narratif : « Peindre par le dialogue et qu'il n'en soit pas moins vif, précis et toujours distingué en restant même banal, cela est monstrueux et je ne sache personne qui l'ait fait dans un livre » (lettre du 30 septembre 1853). À l'opposé en effet de Zola ou de Maupassant qui, plus tard, transcriront des langages d'un registre parfois très populaire, Flaubert use rarement d'une langue triviale : c'est à peine si le père Rouault ou Mme Lefrançois se laissent aller, parfois, à employer quelque tournure paysanne.

C'est donc, comme il le dit, « dans le style de la comédie » que Flaubert écrit ses dialogues, visant le type plus que l'individu dont la langue serait trop marquée. Il s'agit moins d'exprimer une réaction personnelle et vraiment originale que l'attitude d'un groupe humain ou d'une classe en face de la vie.

Le vide des conversations

Rien de saillant, rien que de prévu dans la première conversation d'Emma et de Léon, à laquelle s'entrelace celle de Charles et d'Homais (p. 120). C'est « une de ces vagues conversations où le hasard des phrases vous ramène toujours au centre fixe d'une symapthie commune » (p. 125). On dirait que les répliques sortent d'un manuel de phrases toutes faites pour briller en société. Quant à Rodolphe, le langage n'est qu'un instrument de sa stratégie amoureuse. Il dit et il fait le contraire de ce qu'il pense. Il n'y a pas de véritable échange d'idées et de sentiments vrais dans la conversation. Plus tard, qu'elle cause avec le curé (p. 158-161) ou qu'elle affronte Lheureux ou le notaire (p. 364-367, 385, 387), Emma ne se heurte qu'au malentendu et à l'incompréhension. À la limite, le dialogue se réduit au monologue, comme à la fin du chapitre 13 de la deuxième partie (p. 273), où le bavardage incongru d'Homais ne reçoit jamais de vraie réponse de Charles, qui du reste n'écoute pas. Chacun est renvoyé à sa solitude et à son ennui.

■■■■■■ LE STYLE INDIRECT LIBRE

La manière la plus officace de varier un dialogue ou de l'éviter est d'user de toutes les tournures possibles pour rapporter les paroles d'un personnage. La conversation entre Emma et Lheureux, aux pages 365 et 366 est à cet égard exemplaire. Alors que les interventions du marchand sont toujours au style direct, les répliques de Madame Bovary sont successivement notées au style direct (« Et que va-t-il arriver, maintenant ?, reprit-elle »), au style indirect (« Elle lui demanda doucement s'il n'y avait pas moyen de calmer M. Vinçart ») et enfin dans cette forme que l'on appelle le *style indirect libre* (« Pourtant il fallait que M. Lheureux s'en mêlât »).

La dernière phrase citée pourrait passer pour une simple remarque du narrateur. Mais si nous observons le contexte, nous constatons deux choses. D'abord son premier terme, « Pourtant » semble marquer une opposition ou une objection à ce qui précède, c'est-à-dire à la phrase où Lheureux se dérobe à la demande de son interlocutrice en invoquant la « férocité » de Vinçart. Ensuite, elle paraît trouver une réponse dans la phrase qui suit, également attribuée à Lheureux : « Écoutez-donc ! Il me semble que, jusqu'à présent, j'ai été assez bon pour vous ». Si donc pour compléter le dialogue, nous voulons reconstituer une phrase au style direct entre les deux répliques du marchand d'étoffes ce serait : « Pourtant il faut que vous vous en mêliez (au style indirect ce serait : « Madame Bovary lui dit qu'il fallait pourtant qu'il s'en mêlât »).

Une définition

Comme on le voit par cet exemple, le style indirect libre se reconnaît surtout par son contexte, en l'absence de verbe introducteur et de toute marque de subordination (ni « que », ni « si »). Mais, comme le rapport doit être maintenu entre les temps des verbes du discours rapporté et celui des verbes du contexte, le respect des règles de la concordance des temps s'impose. Quant aux pronoms personnels et aux possessifs, les transpositions sont les mêmes que du style direct au style indirect : ici « M. Lheureux » se substitue au « vous » du style direct.

La Fontaine avait déjà utilisé avec bonheur dans ses fables ce type de discours rapporté. Mais c'est Flaubert qui, le premier parmi les écrivains modernes, en a fait un usage constant : on a compté jusqu'à cent cinquante passages au style indirect libre dans *Madame Bovary*. « Après lui », remarque Thibaudet, « cette tournure entre dans le courant commun du style romanesque, abonde chez Daudet, Zola, Maupassant... ». Pour quel profit, outre la variété ?

Le style de l'intériorité

On notera que le style indirect libre n'est pas utilisé par Flaubert uniquement en situation de dialogue et en rapport avec le style direct ou le style indirect. Le prouve la fin du chapitre 7 de la troisième partie (p. 392) :

> Emma ne répondit rien. Elle haletait, tout en roulant les yeux autour d'elle, tandis que la paysanne, effrayée de son visage, se reculait instinctivement, la croyant folle. Tout à coup elle se frappa le front, poussa un cri, car le souvenir de Rodolphe, comme un grand éclair dans une nuit sombre, lui avait passé dans l'âme. Il était si bon, si délicat, si généreux ! Et, d'ailleurs, s'il hésitait à lui rendre ce service, elle saurait bien

> l'y contraindre en rappelant d'un seul clin d'œil leur amour
> perdu. Elle partit donc vers la Huchette (...)

Madame Bovary a cessé de s'entretenir avec la mère Rollet qui, du reste a reculé, effrayée. Le récit a repris ses droits. Pourtant, au sein même de la narration, c'est encore un discours qui nous est donné à lire, celui d'Emma. À qui d'autre attribuer ces mots, en effet : « Il était si bon, si délicat, si généreux ! » ? L'héroïne s'est mise à réfléchir après l'irruption du souvenir de Rodolphe. D'abord elle se plaît à idéaliser son premier amant par une triple caractérisation puis, au cas où il se montrerait trop réservé, elle envisage l'attitude à adopter pour vaincre ses hésitations. Mais elle ne parle plus à la paysanne, elle ne s'adresse qu'à elle-même, dans un monologue intérieur rapporté au style indirect libre. Ce style, comme souvent dans *Madame Bovary*, et surtout à propos d'Emma, se montre particulièrement apte à nous introduire dans les pensées et les rêveries du personnage. C'est le *style de l'intériorité*.

Portée ironique

Cependant ce discours intérieur est rapporté par un narrateur dont nous savons qu'il ne peut considérer Rodolphe comme un être délicat et généreux puisqu'il a prouvé tout le contraire tout au long du roman. C'est cette confrontation, permise par le style indirect libre, entre ce que dit et pense le personnage, et le point de vue du narrateur, qui ruine ironiquement le contenu du discours rapporté. Le lecteur est ainsi amené à conclure une fois de plus que l'héroïne est naïve ou de mauvaise foi et semble en tout cas incapable de penser ou de dire le vrai. Ainsi le style indirect libre offre-t-il au romancier une double perspective. Non seulement il s'avère un des moyens de l'ironie[1], mais en permettant de rapporter la substance d'un discours et en même temps son interprétation par le narrateur, il offre la possibilité de se situer à la fois à l'intérieur et à l'extérieur d'un personnage. Qu'il y ait coïncidence entre le point de vue du narrateur et la conscience du personnage ou au contraire, comme ici, contradiction, la subjectivité envahit la narration.

---

1. Voir plus loin, sur l'ironie, p. 63.

Multiplication des voix narratives

Voici un court passage de la première partie (p. 103) :

> Il en coûtait à Charles d'abandonner Tostes, après quatre
> ans de séjour et au moment *où il commençait à s'y poser*.
> S'il le fallait, cependant ! Il la conduisit à Rouen, voir son
> ancien maître. C'était une maladie nerveuse : on devait la
> changer d'air.

Lorsque nous abordons ce paragraphe, nous pensons lire une phrase de récit. Mais la familiarité de l'expression « *se poser* » et surtout l'emploi de l'italique marquent l'irruption du discours de Charles dans le récit (l'italique est un autre des moyens privilégiés de rapporter les paroles des personnages dans *Madame Bovary*, et d'en garantir l'authenticité : l'on peut compter une centaine de mots ou d'expressions en italique dans le roman). Alors le doute s'insinue. Puisque la fin de la première phrase est à mettre au compte de Charles, pourquoi le début ne serait-il pas censé transcrire également ses paroles, au style indirect libre ? La deuxième phrase en tout cas est sans mystère (« S'il le fallait, cependant ! »). Elle appartient manifestement à Charles, qui se résigne mal à la nécessité de quitter Tostes. Mais nous retombons dans l'indécision, pour ne pas dire dans l'indécidable, à propos de la dernière phrase du paragraphe : « C'était une maladie nerveuse », qui vient après un verbe purement narratif au passé simple. Qui parle là ? Le narrateur en tant que tel, commentant le résultat de la visite ? C'est possible. Mais ce peut être aussi l'ancien maître s'adressant à Charles : « C'est une maladie nerveuse, vous devez la changer d'air », ou Charles rendant compte à sa femme : « C'est une maladie nerveuse, je dois te changer d'air, ou encore — pourquoi pas ? — Emma elle-même : « C'est une maladie nerveuse : on doit me changer d'air ». L'unité même du sujet parlant est mise en cause. Les voix du narrateur, du médecin, du mari et de sa femme se superposent dans cette seule phrase pour occuper simultanément la position de l'instance énonciatrice du diagnostic. Par là Flaubert s'inscrit à l'origine des grands romans polyphoniques[1] modernes, de Dostoievski à Thomas Mann.

---

1. Polyphonie : combinaison de plusieurs voix, de plusieurs parties dans une composition.

9 L'ironie

On a coutume de définir l'ironie comme une figure par laquelle on dit en raillant le contraire de ce que l'on veut faire entendre. Deux exemples d'énoncés ironiques dans *Madame Bovary* nous permettront d'en analyser les mécanismes. À la page 321, Homais s'emporte violemment contre Justin : « Allons, va ! ne respecte rien ! casse ! brise ! lâche les sang-sues ! brûle la guimauve ! marine des cornichons dans les bocaux ! lacère les bandages ! ». Il est évident qu'ici M. Homais dit tout le contraire de ce qu'il veut exprimer (« Respecte le matériel pharmaceutique »). De même, lorsqu'Hivert se moque de l'Aveugle, à la page 345 : « Il l'engageait à prendre une baraque à la foire Saint-Romain, ou bien lui demandait, en riant, comment se portait sa bonne amie », le contenu de ses paroles, et la possibilité même que l'Aveugle eût une « bonne amie », sont cruellement démentis par l'horreur du portrait physique du pauvre hère à la page précédente.

Qu'il s'agisse, comme dans ces deux cas, du sarcasme ou de la plaisanterie cruelle, et que la cible en soit Justin ou l'Aveugle, le procédé de l'ironie est le même : un énoncé suggère un sens plus ou moins caché et à interpréter, qui présente un écart considérable avec son sens manifeste.

Bien entendu les petits et les humbles ne sont pas les seules victimes de l'ironie dans *Madame Bovary*. Rien, en fait, n'y échappe, aucune situation, aucun personnage, et surtout pas l'héroïne elle-même : « Ce sera la première fois que l'on verra un livre se moquer de sa jeune première et de son jeune premier » écrivait Flaubert (*Corr.*, 9 oct. 1852). Mais les personnages sont rarement conscients de l'ironie dont ils sont la cible, l'ironiste étant généralement le narrateur, étranger à leur monde.

■ IRONIE ET CONTREPOINT[1]

Cependant, le plus souvent, le narrateur n'intervient pas dans son texte et se contente de nous faire découvrir l'ironie dans les rapports qu'il institue soit entre des paroles et une situation, soit entre les discours des personnages, soit entre des éléments de la narration.

Paroles intempestives

Très souvent on constate une incompatibilité entre le sens littéral d'un énoncé et son contexte. Alors les mots se chargent d'un sens imprévu, souvent cocasse, voire légèrement égrillard. C'est le cas pour les phrases de Charles écrivant au séducteur et futur amant de sa femme que celle-ci « était à sa disposition, et qu'ils comptaient sur sa complaisance » (p. 213) ou encore, s'agissant des prétendues leçons de musique qu'Emma est censée prendre à Rouen alors qu'elle y va rencontrer son amant : « On trouva même, au bout d'un mois, qu'elle avait fait des progrès considérables » (p. 337).

Dans la même veine, Flaubert se plaît à juxtaposer des paroles importunes à un sentiment pour l'exacerber, ou à une rêverie pour la faire avorter, dans une sorte de contrepoint. Les exemples sont nombreux : rêverie d'Emma qui pense, en contemplant Léon « aux lacs de montagne où le ciel se mire » (souvenir de la conversation au *Lion d'Or*, ou du *Lac* de Lamartine ?), ramenée à la réalité par l'exclamation d'Homais dont le fils vient de se « précipiter dans un tas de chaux » (p. 146) ; considérations ineptes d'Homais qui parle d'abricots pour interpréter l'évanouissement de la jeune femme après la fuite de Rodolphe (p. 273), ou encore, bavardage intarissable du suisse de la cathédrale de Rouen devant un Léon qui s'impatiente et pense à tout autre chose (p. 313-314). On dirait que les imbéciles et les gêneurs choisissent toujours pour se manifester les moments les plus graves, ceux où l'on a besoin de la solitude et du silence, comme pour ramener l'âme à la conscience de la platitude de l'existence. On saisit bien là une des fonctions de l'ironie : com-

---

1. Alternance ou juxtaposition de thèmes ou de situations dans un roman ou un poème.

battre cette bêtise qui obsédait si fort Flaubert, démystifier le monde, et mettre des bornes au lyrisme. L'ironie lui permet alors d'atteindre à une forme d'expression qui répond sans doute à une tendance profonde de son être : « Le comique arrivé à l'extrême, le comique qui ne fait pas rire, le lyrisme dans la blague, est pour moi tout ce qui me fait envie comme écrivain » (*Corr.*, 8-9 mai 1852).

Le montage critique

Une autre sorte de contrepoint nous est fournie par la scène des Comices. Là se superposent dans un montage subtil les discours officiels et la conversation d'Emma et de Rodolphe. Tantôt le discours du conseiller Lieuvain semble fournir à Rodolphe ses thèmes. Stigmatise-t-il le temps « où les maximes les plus subversives sapaient audacieusement les bases... » (p. 195), le séducteur invoque sa « mauvaise », son « exécrable » réputation ; évoque-t-il les « devoirs » du citoyen, Rodolphe s'exclame : « Ah ! encore [...] Toujours les devoirs » (p. 197). Tantôt au contraire, c'est le discours officiel qui semble reprendre les propos du châtelain de la Huchette. C'est ainsi que l'expression de Lieuvain exaltant platement « les sillons féconds des campagnes » (p. 189) pourrait s'entendre comme l'écho prosaïque des envolées lyriques de Rodolphe sur « le paysage qui nous environne et le ciel bleu qui nous éclaire » (p. 198).

Ces effets de contrepoint de paroles atteignent leur plus grande efficacité à la page 203 où Rodolphe, à qui Emma a cessé de répondre, semble engagé avec le Président des Comices dans une espèce de dialogue :

> — Cent fois même j'ai voulu partir, et je vous ai suivie, je suis resté.
> « Fumiers. » [...]
> — Car jamais je n'ai trouvé dans la société de personne un charme aussi complet.
> « À M. Bain, de Givry-Saint-Martin ! » [...]
> — Oh ! non, n'est-ce pas, je serai quelque chose dans votre pensée, dans votre vie ?
> « Race porcine, prix *ex aequo* à MM. Lehérissé et Cullembourg ; soixante francs ! »

Dans cette juxtaposition, les mots, les chiffres, les expressions, et jusqu'aux noms propres ridicules du discours officiel semblent dévoiler la face cachée du discours amoureux, et le réduire à ce qu'il est : l'instrument grossier d'une cynique entreprise de séduction. L'ironie, là encore, se situe dans l'écart qui se creuse entre le sens apparent des paroles du séducteur et leur sens profond, tout opposé, que le contrepoint suggère.

L'ironie de situation

L'ironie de situation, la plus simple, est faite de la juxtaposition dans une même scène d'éléments narratifs opposés. C'est ainsi qu'un paragraphe instaure un parallèle, aux pages 326 et 327, entre les pensées tristes de Charles et de sa mère après la mort de M. Bovary père, et les pensées heureuses d'Emma, envahie par le souvenir de son premier rendez-vous amoureux avec Léon. De même le récit présente dans un contrepoint ironique Homais triomphant et tout à son bonheur de recevoir chez lui le Docteur Larivière, tandis que Mme Bovary agonise (p. 408). Un peu plus loin, à la scène de l'enterrement d'Emma (p. 427), un frais paragraphe descriptif évoque « toutes sortes de bruits joyeux » et de couleurs claires, en contraste avec le désespoir de Charles et du père Rouault. L'ironie n'épargne rien. Pour Flaubert elle constitue un effet de l'art : « L'ironie n'enlève rien au pathétique, elle l'outre[1] au contraire » (*Corr.*, 9 oct. 1852).

▄▄▄▄▄ LE SENS DE L'IRONIE POUR FLAUBERT

L'ironie dans *Madame Bovary* s'exprime partout, à travers le contrepoint comme dans le style indirect libre, et il est impossible d'en analyser ici, ni même d'en relever, tous les procédés. Pour un Flaubert hanté par le sentiment de la misère de la vie, l'ironie représente, avec le culte de l'art, le seul recours contre le désespoir, « l'acceptation ironique de l'existence et sa *refonte* plastique et complète par l'art » (*Corr.*, 23 janv. 1854). Elle entre pour beaucoup dans ce « grotesque triste » dont l'écrivain avait confié à Louise Colet qu'il

---

1. Elle l'exagère, elle l'amplifie.

correspondait « aux besoins intimes de [sa] nature bouffonnement amère » (*Corr.*, 21-22 août 1846).

Mais, par elle, Flaubert va plus loin. En effet, dans la mesure où elle s'en prend aux mensonges et aux insuffisances de la parole, son ironie participe à cette critique du langage qui est au cœur du roman et qui s'exprime en partie dans un des beaux passages du livre où le narrateur intervient pour livrer sa pensée : « ... personne, jamais, ne peut donner l'exacte mesure de ses besoins, ni de ses conceptions, ni de ses douleurs, [...] la parole humaine est comme un chaudron fêlé où nous battons des mélodies à faire danser les ours, quand on voudrait attendrir les étoiles. » (p. 253). Par là Flaubert anticipe une des constantes de la littérature contemporaine, qui est justement cette mise en cause du langage dont se sont nourries des œuvres aussi diverses que celles de Becket ou de Ionesco, de Jean Paulhan ou de Robbe-Grillet.

10 Le style de Flaubert dans Madame Bovary

En choisissant pour son roman un sujet « bourgeois » aux antipodes de son œuvre précédente, Flaubert devait sacrifier le lyrisme auquel il s'était abandonné dans *La Tentation de saint Antoine* : « Les grandes tournures, les larges et pleines périodes se déroulant comme des fleuves, la multiplicité des métaphores, les grands éclats du style, tout ce que j'aime enfin, n'y sera pas » (*Corr.*, 21 mai 1853).

Moins éclatant, le style dont il rêve n'en doit pas être, pour autant, plus simple ou d'un art moins profond, au contraire. Ses lectures lui fournissent à la fois des exemples de fautes à éviter, et des modèles : « L'idéal de la prose est arrivé à un degré inouï de difficulté ; il faut se dégager de l'archaïsme, du mot commun, avoir les idées contemporaines sans leurs mauvais termes, et que ce soit clair comme du Voltaire, touffu comme du Montaigne, nerveux comme du La Bruyère et ruisselant de couleur, toujours. » (*Corr.*, 13 juin 1852).

■■■■ RYTHME ET HARMONIE

Souhaitant conférer à la prose les qualités et le prestige de la poésie, Flaubert s'est montré particulièrement sensible au rythme : « Une bonne phrase de prose doit être comme un bon vers, *inchangeable*, aussi rythmée, aussi sonore » (*Corr.*, 22 juil. 1852). Ses phrases en effet sont souvent cadencées et le texte de son roman est parsemé de vers blancs (sans rime) de 12, de 10, de 8 ou de 6 syllabes.

Rôle de l'alexandrin

On peut penser que l'alexandrin convient au lyrisme. De fait, quand les Bovary assistent à Rouen à une représentation de *Lucie de Lammermoor*, c'est un alexandrin qui résume les paroles de la cavatine[1] en sol majeur de l'opéra :

> ... ell(e) se plaignait d'amour, // ell(e) demandait des ailes[2]
> (p. 291).

Le début de la phrase suivante est d'une belle expressivité :

> Emma, de même, / aurait voulu, / fuyant la vie,
> s'envoler dans une étreinte.

Son rythme ternaire, assez lourd, s'oppose à l'idée d'envol et de libération marquée par l'heptasyllabe final, et sa mesure d'alexandrin révèle et souligne la ressemblance d'Emma et du personnage qu'elle écoute chanter et auquel elle s'identifie. Plus loin, la jeune femme « sous la poésie du rôle qui l'envahissait » imagine sa rencontre avec le ténor Lagardy. On ne s'étonne pas que ses rêveries s'inscrivent de nouveau, avec une ironie légère, dans le cadre d'un alexandrin :

> Ils se seraient connus, // ils se seraient aimés ! (p. 294).

Toute autre peut être la valeur du vers de douze syllabes dans un autre contexte. À la page 320 le désordre est à son comble à la pharmacie Homais et l'on songe aux effets d'un combat. Mais d'un combat pour rire, car il s'agit de confitures... En dépit de l'emphase (ironique) du ton, ce n'est pas une épopée que nous propose Flaubert, mais sa parodie. Le noble alexandrin y fait merveille, d'abord binaire, puis ternaire :

> ... des balanc(e)s sur la table, // des bassin(e)s sur le feu,
> elle aperçut / tous les Homais, / grands et petits, ...

Le vers se met ici au service du pastiche héroï-comique, où un sujet vulgaire est traité en style noble.

---

1. La cavatine est une pièce vocale assez courte dans un opéra. En ce qui concerne le compte des syllabes, nous ne comptons pas le e muet devant une consonne, conformément à la diction courante de la prose. (Rappelons qu'en poésie, au contraire, le e muet suivi d'une consonne se prononce et se décompte comme une syllabe.)
2. Les parenthèses signalent dans cette phrase et les suivantes les e muets ne se prononçant pas.

Le rythme des clausules

La fin des paragraphes est souvent très soignée chez Flaubert. Un rythme particulier vise à y faire sentir l'achèvement de l'ensemble. C'est donc là que l'on rencontre le plus fréquemment — mais pas exclusivement — des phrases cadencées comme des vers constituant ce que l'on appelle la *chute* ou la *clausule* du paragraphe.

La clausule permet souvent de mettre en valeur la vision finale d'un tableau. Ainsi, au chapitre des Comices (IIᵉ partie, chap. 8), un long paragraphe constitué de phrases assez longues décrit une multitude d'animaux alignés attendant que les membres du jury les examinent. Parmi eux, en fin d'énumération, un « grand taureau noir » qu'accompagne un enfant. L'image finale est d'autant plus nette et plus forte qu'elle s'inscrit dans une phrase brève, de 12 syllabes :

> Un enfant en haillons // le tenait par un(e) corde (p. 189)

Plus tard, quand il faudra suggérer le caractère du personnage d'Emma courant à ses rendez-vous à Rouen, une belle phrase opposera de nouveau, en fin de paragraphe, un alexandrin ternaire à un alexandrin binaire :

> Elle marchait / les yeux à terr(e), / frôlant les murs,
> et souriant de plaisir // sous son voil(e) noir baissé (p. 340)

Mais le vers de 12 syllabes ne rythme pas seul les clausules. Presque à la fin du livre une autre phrase joue au contraire du déséquilibre de ses derniers éléments (8/4/6) et a l'air de boiter, comme le bidet du père Rouault :

> ... puis il continua sa route,
> au petit trot,
> car son bidet boitait (p. 430)

■■■■ LA PHRASE TERNAIRE

Flaubert affectionne le rythme ternaire. Ainsi vont souvent par trois dans *Madame Bovary* des mots, des groupes de mots ou des propositions. C'est une caractéristique de la phrase flaubertienne.

Considérons cette phrase où trois attributs juxtaposés qualifient Rodolphe : « Et il redevint aussitôt respectueux, caressant, timide » (p. 216). L'accumulation des adjectifs marque les étapes de la transformation — au moins feinte — du personnage. Mais l'ordre des mots n'est pas indifférent : comment mieux dire cette retraite, cette défaite momentanée du séducteur que par la gradation descendante, du mot le plus long (4 syllabes) aux mots les plus courts (3, puis 2 syllabes) ? Même rythme et mêmes effets pour la condamnation rageuse et sans appel de Charles par son épouse : « Il lui semblait chétif, faible, nul... » (p. 325).

Le plus souvent cependant, les adjectifs sont dans une gradation ascendante, du plus court aux plus longs. Dans « ce qui est beau, charmant, adorable » (p. 211) se lit l'exaltation (feinte, encore) de Rodolphe, et dans « Ce furent trois jours pleins, exquis, splendides » (p. 331) l'enthousiasme des amants, tant dans la progression sémantique que dans celle du nombre syllabique. Citons encore cette autre belle phrase, montrant Emma allant retrouver Rodolphe : « Elle s'échappait, en retenant son haleine, souriante, palpitante, déshabillée » (p. 226). Là le participe semble se détacher des deux adjectifs par sa sonorité finale, comme pour suggérer le comble de l'abandon et de la séduction.

Le jeu des sonorités

Car il faut tenir compte également de la sonorité des mots. Ici *souriante* et *palpitante* (voir le paragraphe précédent) semblent s'unir par leurs finales identiques. Flaubert associe souvent des termes selon ce principe, comme un poète qui lie rythmes et jeux de sonorité. Voici Emma Bovary en d'autres circonstances, « hébétée, découragée, presque endormie » (p. 383), ou bien son rire, « strident, éclatant, continu » (p. 353). L'effet culmine dans la série ternaire suivante, qualifiant les Tuvache : « cossus, bourrus, obtus » (p. 139). Alors, les similitudes formelles entre les mots, tous trois dissyllabiques et terminés tous trois par la même voyelle (c'est la figure classique de l'*homéotéleute*) induisent avec insistance une identité de sens entre les termes : cossu vaut obtus, richesse égale bêtise !...

Bien entendu, les adjectifs ne sont pas seuls concernés dans ces tournures. Voici Emma courant rejoindre Rodolphe, et exhalant de toute sa personne, comme une fraîche allégorie du printemps, « un frais parfum de sève, de verdure et de grand air » (p. 221). Souvent aussi les attitudes sont notées par trois groupes nominaux semblables : Emma, « les coudes en l'air, la taille penchée, l'œil indécis » (p. 138) ; Lheureux, « les deux mains sur la table, le cou tendu, la taille penchée » (p. 148) ; Charles, « le menton sur sa poitrine, les mains jointes, les yeux fixes. » (p. 245).

Valeur et portée du rythme ternaire

Ce type d'énumérations, qui souvent achève un paragraphe, suggère par la netteté et l'équilibre de la formule ternaire, le désir d'embrasser la réalité dans sa totalité. Il arrive du reste au narrateur de reprendre les mots par un terme généralisant : « Il jeta vite autour de lui un large coup d'œil qui s'étala sur les murs, les étagères, la cheminée, comme pour pénétrer tout, emporter tout » (p. 166).

Imposant un compte et un classement, la phrase ternaire introduit un ordre dans le désordre d'une foule ou d'un amas d'objets. La description y gagne en clarté. À la Vaubyessard, Emma a beau être troublée par un milieu nouveau pour elle, elle n'en distingue pas moins clairement les éventails, les bouquets et les flacons (p. 83). Plus loin, trois autres objets précieux se détachent encore, deux séries ternaires d'expressions parallèles expriment par leur équilibre et leur symétrie la richesse du spectacle et la plénitude d'un sentiment : « les garnitures des dentelles, les broches de diamants, les bracelets à médaillon frissonnaient aux corsages, scintillaient aux poitrines, bruissaient sur les bras nus » (p. 83).

Mais c'est dans le discours des personnages que le rythme ternaire trouve son épanouissement. Rodolphe s'y distingue (voir p. 216) mais Léon en est le champion. Écoutons-le arrondir ses phrases pour Emma, évoquer « la poésie des lacs, le charme des cascades, l'effet gigantesque des glaciers » (p. 122). Ce n'est sans doute pas un hasard si les passages où le style ternaire prolifère sont ceux qui évoquent Emma et Léon ensemble, aux chapitres 5 de la IIᵉ et de la IIIᵉ partie. Le style oratoire y est comme le moule où se coule la phraséologie d'un romantisme fade et grandiloquent. L'accent parodique se retrouve encore, page 152, dans la narration sur le ton d'une vie des saints, des efforts ostentatoires de Mme Bovary vers la vertu et le sublime. Savourons cette phrase, superbe d'ironie discrète : « Les bourgeoises admiraient son économie, les clients sa politesse, les pauvres sa charité ».

Quand il faut dévoiler la vérité sous la fausseté des apparences et les discours creux, c'est encore l'accumulation ternaire qui est l'outil tendu, vengeur et sans concession de la démystification, comme dans cette phrase qui suit celle que nous venons de citer : « Mais elle était pleine de convoitise, de rage, de haine » (p. 152) ; et plus loin : « Alors, les appétits de la chair, les convoitises d'argent et les mélancolies de la passion, tout se confondit dans une même souffrance. » (p. 153)

Grave ou ironique, lyrique parfois, mais toujours éloquente, la phrase ternaire exprime sans doute mieux que toute autre tournure le génie oratoire de Flaubert et les pôles de son inspiration.

11 L'impersonnalité

Ce qui semble avoir le plus frappé les contemporains dans *Madame Bovary*, c'est le caractère impersonnel de l'œuvre. Est-ce à dire que l'auteur était incapable d'émotion ? Sa correspondance nous prouve le contraire, que sa vie confirme. Ce bon géant était un émotif que le moindre bruit pouvait bouleverser jusqu'au malaise et l'écrivain en lui n'était pas moins hypersensible. Il pleure de joie quand il trouve l'expression juste, et l'empoisonnement de son héroïne le rend malade : « Les personnages imaginaires m'affolent, me poursuivent — ou plutôt c'est moi qui suis dans leur peau. Quand j'écrivais l'empoisonnement de Mme Bovary j'avais si bien le goût d'arsenic dans la bouche, j'étais si bien empoisonné moi-même que je me suis donné deux indigestions coup sur coup, — deux indigestions réelles car j'ai vomi tout mon dîner », confie-t-il à Taine dans une lettre de novembre 1866.

■■■ LES INTENTIONS DE FLAUBERT

Si Flaubert est absent de son livre, c'est qu'il voulait très consciemment qu'il en fût ainsi, et cela dès le moment où il s'est mis à écrire son roman : « Autant je suis débraillé dans les autres livres, autant dans celui-ci je tâche d'être boutonné et de suivre une ligne droite géométrique. Nul lyrisme, pas de réflexion, personnalité de l'auteur absente » (*Corr.*, 1er fév. 1852).

Il le veut pour plusieurs raisons. Par philosophie, d'abord. À ses yeux, tous les sujets se valent : « L'histoire d'un pou peut être plus belle que celle d'Alexandre » (*Corr.*, fin août 1857). Pour lui, la créature la plus insignifiante peut avoir son intérêt, tout dépend de l'exécution. De quel droit jugerions-nous un motif indigne de l'art ? Au nom de quel système ? Il faut énoncer les faits tels qu'ils sont, sans chercher à prouver quoi que ce soit, sans juger, sans exposer ses idées. L'œuvre d'art est une seconde nature et le lecteur devra être saisi devant elle par la même impression de grandeur et de mystère que devant la Création. « L'auteur, dans son œuvre, doit être comme Dieu dans l'univers, présent partout et visible nulle part » (*Corr.*, 22 nov. 1852) ; « Oui, la bêtise consiste à vouloir conclure. Nous sommes un fil et nous voulons savoir la trame [...] Quel est l'esprit un peu fort qui ait conclu, à commencer par Homère ? Contentons-nous du tableau ; c'est aussi bon » (*Corr.*, 4 sept. 1850).

En fait, Flaubert ne se contente pas toujours de tableaux. Il lui arrive d'exprimer son opinion par de véritables intrusions d'auteur, soit pour regretter les insuffisances du langage : « La parole humaine est comme un chaudron fêlé » (p. 253), soit pour juger l'action de son héroïne : « Elle partit donc vers la Huchette, sans s'apercevoir qu'elle courait s'offrir à ce qui l'avait tantôt si fort exaspérée, ni se douter le moins du monde de cette prostitution » (p. 392), soit pour livrer une pensée sur la mort : « Il y a toujours, après la mort de quelqu'un, comme une stupéfaction qui se dégage, tant il est difficile de comprendre cette survenue du néant et de se résigner à y croire » (p. 414). D'autre part certains choix trahissent, quoi qu'il en dise, la présence de l'auteur dans son texte : ironie généralisée, emploi du style indirect libre, modulation des points de vue (emploi du *nous* au début, du présent de l'énonciation à la fin, point de vue « omniscient » parfois). Mais cette présence reste discrète. Elle n'entraîne jamais à l'exposé d'une thèse et encore moins à la confidence personnelle.

Une réaction anti-romantique et un art poétique

Le désir d'impersonnalité de Flaubert procède aussi de sa méfiance à l'égard du romantisme, parce que « la poésie ne doit pas être l'écume du cœur. Cela ne serait ni sérieux ni *bien* » (*Corr.*, 22 avril 1854). Le lyrisme individuel, dès lors qu'il n'est pas « étrange, désordonné, tellement *intense* enfin que cela devienne *une création* » (*Corr.*, 18 avril 1854), devient, pour le romancier, une prostitution de sa personnalité.

Mais ces raisons rejoignent les intentions plus profondément esthétiques de l'auteur. Flaubert en effet vise à l'universel. Pour atteindre à une généralité plus grande, il lui faut dépouiller l'individu de ce qu'il a de trop personnel : « Pas de monstres et pas de héros ». Ce qui l'intéresse, c'est une humanité moyenne, mieux, un type : « L'art n'est pas fait pour peindre les exceptions. Et puis j'éprouve une répulsion invincible à mettre sur le papier quelque chose de mon cœur [...] Le premier venu est plus intéressant que M. G. Flaubert parce qu'il est plus *général* et par conséquent plus typique » (*Corr.*, 6 déc. 1866).

« Madame Bovary » et sa postérité

La visée de l'impersonnalité, l'ambition scientifique du romancier se retrouveront chez Zola, dont l'essai sur *Le Roman expérimental* parut l'année même de la mort de Flaubert, en 1880. Désormais les romanciers accumuleront, comme Flaubert, les faits au terme d'enquêtes plus ou moins fouillées, pour présenter de la réalité de vastes tableaux.

Pourtant, même si on a voulu voir en lui l'initiateur du naturalisme, Flaubert a répugné à se poser en chef d'école. La part du romantique en lui s'y opposait, comme son horreur des classifications sans nuances, les étiquettes de Réalisme et de Naturalisme lui paraissant également ineptes : « Je m'abîme le tempérament à tâcher de n'avoir pas d'école », déclare-t-il à George Sand, en décembre 1875. On le sent navré de constater que les nouveaux romanciers, qui se réclament parfois de lui, ne partagent pas ce goût exigeant de la Beauté qui lui avait fait transfigurer les réalités les plus triviales.

Mais, en dehors de toute question d'école, *Madame Bovary* reste un roman très « actuel ». Son héroïne continue d'incarner l'échec de l'illusion romanesque. Et les techniques que Flaubert a mises au point — analyse psychologique animée comme une narration, description suggestive du monde reflété dans la conscience d'un personnage, frontières indécises entre description, dialogue et récit, importance accordée à l'objet et au petit détail, ironie et mise en cause du langage — contribuent à faire de ce roman une œuvre capitale et fondatrice.

BIBLIOGRAPHIE SOMMAIRE

Édition critique de *Madame Bovary*

– *Madame Bovary*, édition critique de Claudine Gothot-Mersch (Garnier, 1976). Longue introduction, variantes du texte.

Correspondance de Flaubert

– *Correspondance* de Flaubert, vol. 1 (1830-1851), vol. 2 (1851-1858), vol. 3 (1859-1869) (coll. « Bibliothèque de la Pléiade », Gallimard).
– *La Bêtise, l'art et la vie*, par André Versailles (Complexe, 1991). Présentation d'extraits de lettres de Flaubert à Louise Colet entre 1851 et 1855.

Sur Flaubert

– Albert Thibaudet, *Gustave Flaubert* (coll. « Tel », Gallimard, 1992). Un livre déjà ancien (1re édition en 1922) mais très riche et très vivant. Il faut lire le chapitre 10 sur le style.
– Victor Bromberg, *Flaubert* (Le Seuil, 1971). Un des meilleurs ouvrages, facilement accessible, sur le romancier.
   Numéros spéciaux de revues sur Flaubert :
– *Europe* (sept.-nov. 1969).
– *Littérature* (oct. 1974).
– *Revue d'histoire littéraire de la France* (juill.-oct. 1981).
– *L'Arc* (2e trimestre 1980).

Études sur *Madame Bovary*

– Marcel Proust, « À propos du style de Flaubert » (1920), dans *Contre Sainte-Beuve* (coll. « Bibliothèque de la Pléiade », Gallimard).
– Eric Auerbach, *Mimesis* (coll. « Tel », Gallimard). La fameuse analyse du paragraphe central de la page 101 se trouve au chapitre 18.
– Georges Poulet, *Les Métamorphoses du cercle* (coll. « Champs », Flammarion). Lire « Flaubert » où les passages des pages 93, 101 et 398 sont analysés.
– Jean Rousset, *Formes et significations* (José Corti, 1962). Lire « *Madame Bovary* ou le livre sur rien » (les modulations de points de vue, la fenêtre...).
– Michel Picard, *La Lecture comme jeu* (éd. de Minuit, 1986). Lire « La prodigalité d'Emma Bovary », importante étude sur l' « enjeu des lectures ».
– Mario Vargas Llosa, *L'Orgie langagière* (Gallimard, 1978). Flaubert et *Madame Bovary* par le grand romancier péruvien.

– Jean-Paul Sartre, *L'Idiot de la famille*, tome 3 (coll. « Bibliothèque de philosophie », Gallimard, nouvelle édition, 1988). Pour les 150 pages de « Notes sur *Madame Bovary* » en annexe.

– Roland Barthes, *Nouveaux essais critiques* (Le Seuil, 1967, repris avec *Le Degré zéro de l'écriture* dans la collection « Points », Le Seuil). Lire « La phrase de Flaubert », sur les corrections de Flaubert.

– *La Production du sens chez Flaubert*, Actes du colloque de Cerisy La Salle (coll. « 10/18 », UGE, 1975).

– *Travail de Flaubert* (coll. « Points », Le Seuil, 1983). Recueil d'articles parus dans des revues.

– *Autour d'Emma* (coll. « Brèves Cinéma », Hatier, 1991). Recueil d'interviews de Claude Chabrol et d'acteurs du film *Madame Bovary* réalisé par Claude Chabrol en 1991 avec Isabelle Huppert dans le rôle d'Emma.

Les suites de *Madame Bovary*

Comme il est normal pour une telle œuvre, de nombreux écrivains ont rêvé sur les personnages du roman, avec plus ou moins de bonheur, et ont fait d'Emma, de son mari, de sa fille et même de Mme Homais, les héroïnes ou les héros de leurs propres fictions. On peut lire avec plaisir une nouvelle de *La Mare d'Auteuil* de Roger Grenier (Gallimard, 1988), le court récit de Raymond Jean, *Mademoiselle Bovary* (Actes-Sud, 1991), le roman-essai (traduit de l'allemand) de Jean Emery, *Charles Bovary* (Actes-Sud, 1991) et le roman de Jacques Cellard, *Emma, oh ! Emma* (Balland, 1992).

INDEX DES THÈMES ET NOTIONS

Les numéros renvoient aux pages du Profil.

Imprimé en France, par l'Imprimerie Hérissey - 27000 Évreux (Eure)
Dépôt légal : 14564 - Août 2006 - Nᵒ d'impression : 102756